원어민 게이지 100% 살리는

스펜서쌤의

미국 영어

대화의 격을 높이는

{ 감각 영어 회화 }

한마디를 해도 상대방을 **배려하면서** 나의 **품격을 높이는** 영어!

이만 자리에서 일어나고 싶은데, 혹시라도 상대방이
서운해 할까 봐 뭐라고 말하면 좋을지 고민한 적 있나요?

I should leave.(나 가야 해.)라고
말한다면 갑작스럽게 느껴져서
당황하겠지?

좀 더 부드럽게
I had better go.(가는 게 좋겠어.)
라고 말하면 괜찮을까?

I'm sorry but
I'd better get going.

아쉽지만 이만 가 봐야겠네요.

실제 상황에서 **원어민이 쓰는 현실 뉘앙스**는?
go 대신 **get going**을 써서 보다 부드럽고
친근한 어감으로 표현해요.

**상황별 원어민이 실제 쓰는 현실 뉘앙스로
말의 수준을 높이는 영어 표현을 배울 수 있습니다!**

원어민이 쓰는 현실 뉘앙스가 담긴 표현들로
대화의 수준을 높이는 '**말습관**'을 장착해 보세요!

☑ Let's **pick this up another time**.
이 이야기는 다음에 다시 해요.

☑ **It's hard for me to relate.**
저는 공감하기가 쉽지 않네요.

☑ I think we **got a little sidetracked**.
우리 얘기가 옆길로 좀 샌 것 같아요.

☑ You're **preaching to the choir**.
두말하면 잔소리죠.

☑ **I was way off base with my guess.**
제 추측이 완전 빗나갔네요.(제가 완전히 헛다리 짚었네요.)

☑ Arriving on time **seems iffy**.
제시간에 도착하는 건 어려울 것 같아요.

☑ It looks like I **have my work cut out for me**.
이 일은 그리 쉽지 않을 것 같은데요.(이 일 너무 빡셀 것 같아요.)

☑ I'm somewhat of **a social butterfly**.
어느 정도 마당발이에요.

☑ I'd love to **kick back** and watch some TV.
느긋하게 쉬면서 TV를 보고 싶어요.

☑ I **got a little bent out of shape** about what he said.
그 사람 말에 기분이 좀 언짢아졌어요.

FEATURES

대화의 격을 높이는 감각 영어 회화 3단계 업그레이드!

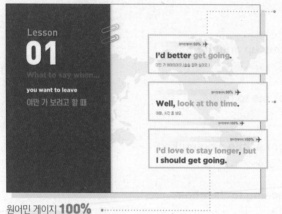

원어민 게이지 **50%**

일상적으로 가볍고 편안하게 쓸 수 있는 현실 뉘앙스가 담긴 표현들로 원어민처럼 보다 자연스럽게 대화해 보세요!

원어민 게이지 **80%**

각 상황에 따라 센스 있게 말할 수 있는 감각적인 표현들로 대화의 수준을 높여 보세요!

원어민 게이지 **100%**

같은 말이라도 말의 가치를 높이는 세련된 표현(격식적 · 상대방을 배려하는 친근한 어감 · 캐주얼하지만 수준 있어 보이는 현실 뉘앙스의 구어체 등)으로 대화의 품격을 더해 보세요!

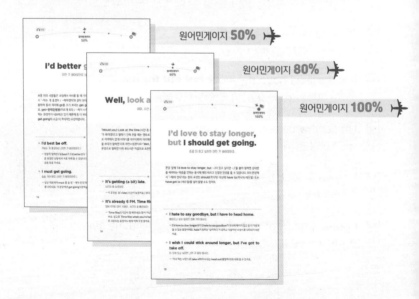

✈
영어민게이지
50%

I'd better get going.
이만 가 봐야겠어요.(슬슬 갈까 싶어요.)

보통 미국 사람들은 모임에서 자리를 뜰 때 가야한다고 직접적으로 말하지 않거든요. 따라서 '~하는 게 좋겠어 / ~해야겠어'와 같이 의지를 나타내는 'I'd better+동사.'표현을 활용하여 동사 자리에 go를 쓰기 보다는 get going이나 get moving을 써서 많이 말해요. get+현재진행형(이르게 되다 / ~하기 시작하다)은 천천히 준비하고 일어나서 인사를 하는 과정까지 내포하고 있기 때문에 좀 더 부드럽고 친근한 어감으로 전달되거든요. 이 중 get going이 조금 더 격식적인 표현이랍니다.

+ **I'd best be off.**
가보는 게 좋겠어요.(이만 가 봐야겠어요.)

→ 엄밀히 말하면 I'd best가 I'd better보다 '~해야 한다'라는 의지가 더 강하지만, 이 표현들은 동일한 상황에서 서로 바꿔 쓸 수 있답니다. 둘 다 구어체로 I should (~하면 좋을 거다)와 같은 뜻을 지녀요.

+ **I must get going.**
슬슬 가야 해요.(이만 가 봐야겠어요.)

→ 일상 대화에서 must 를 쓸 땐 '~해야 한다'라는 강한 의지와 함께 더욱 격식을 차리는 뉘앙스를 나타내요. 이 문장에선 get going덕분에 go를 쓰는 것보다 부드러운 어감을 나타냅니다.

Well, it's getting pretty late and I need to get home to make dinner.
이런, 시간이 꽤 많이 늦어졌어요.
저는 저녁 식사 준비하러 집에 가려 합니다.

Yeah, We should get going.
Thanks for meeting me today.
그럴게요. 슬슬 가야겠어요.
시간 내 줘서 고마웠요.(오늘 만난 거사 고마웠요.)

It was my pleasure.
I always have time for you.
Are you going to head home, too?
저도 즐거웠어요.
언제든 불러 주세요.(당신이라면 언제든 시간 낼 수 있어요.)
먹으로 가실 거죠?

Yeah, I'd better get going.
I have to wake up early tomorrow.
네, 이만 가 봐야겠어요.
내일 일찍 일어나야 되거든요.

pretty 꽤, 아주, 매우   head (특정 방향으로) 가다, 향하다   wake up early 일찍 잠이서나다

15

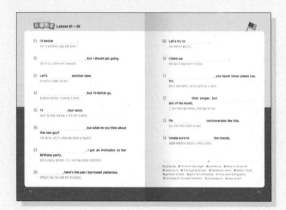

QUIZ를 풀어 보며 복습하기!

다섯 개의 레슨마다 나오는 QUIZ를 통해 문장을 완성해 가며 다시 한번 학습한 표현들을 정리해 보아요.

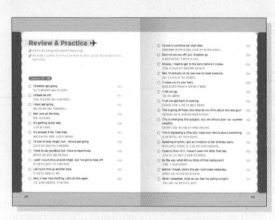

225개의 원어민 게이지 표현 한눈에 훑어보기!

교재에서 배운 원어민 게이지 표현 225개를 한눈에 훑어볼 수 있도록 총정리해서 부록으로 제공해요. 잊은 내용이 있을 경우 해당 페이지로 가서 다시 한번 복습하도록 해요.

유튜브 영상으로 학습 효과 올리기!

교재의 내용을 담은 스펜서 쌤의 강의를 유튜브 채널에서 만나 볼 수 있어요. 저자의 생생한 설명을 통해 학습의 효율을 높여 보세요.

MY STUDY PLAN

하루에 한 레슨씩 5주 학습!

학습한 날짜를 쓴 후 자신만의 학습 단계를 체크해 보세요.

	Lesson 01 ~ 05				
1주차	Lesson **01**	Lesson **02**	Lesson **03**	Lesson **04**	Lesson **05**
	/	/	/	/	/

	Lesson 06 ~ 10				
2주차	Lesson 06	Lesson 07	Lesson 08	Lesson 09	Lesson 10
	/	/	/	/	/

	Lesson 11 ~ 15				
3주차	Lesson **11**	Lesson **12**	Lesson **13**	Lesson **14**	Lesson **15**
	/	/	/	/	/

	Lesson 16 ~ 20				
4주차	Lesson 16	Lesson 17	Lesson 18	Lesson 19	Lesson 20
	/	/	/	/	/

	Lesson 21 ~ 25				
5주차	Lesson **21**	Lesson **22**	Lesson **23**	Lesson **24**	Lesson **25**
	/	/	/	/	/

CONTENTS

What to say when...

Lesson
01 - 05

What to say when...

Lesson
01

What to say when...

you want to leave

이만 가 보려고 할 때

I'd better get going.

이만 가 봐야겠어요.(슬슬 갈까 싶어요.)

Well, look at the time.

어머, 시간 좀 봐요.

I'd love to stay longer, but I should get going.

조금 더 있고 싶지만 이만 가 봐야겠어요.

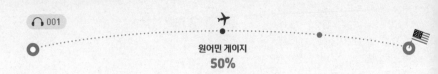
I'd better get going.

이만 가 봐야겠어요.(슬슬 갈까 싶어요.)

보통 미국 사람들은 모임에서 자리를 뜰 때 가야한다고 직접적으로 말하지 않거든요. 따라서 '~하는 게 좋겠어 / ~해야겠어'와 같이 의지를 나타내는 'I'd better+동사.' 표현을 활용하여 동사 자리에 go를 쓰기 보다는 get going이나 get moving을 써서 많이 말해요. get+현재진행형(이르게 되다 / ~하기 시작하다)은 천천히 준비하고 일어나서 인사를 하는 과정까지 내포하고 있기 때문에 좀 더 부드럽고 친근한 어감으로 전달되거든요. 이 중 get going이 조금 더 격식적인 표현이랍니다.

⭐

+ I'd best be off.

가보는 게 좋겠어요.(이만 가 봐야겠어요.)

→ 엄밀히 말하면 I'd best가 I'd better보다 '~해야 한다'라는 의지가 더 강하지만, 이 표현들은 동일한 상황에서 서로 바꿔 쓸 수 있답니다. 둘 다 구어체로 I should(~하면 좋을 거다)와 같은 뜻을 지녀요.

+ I must get going.

슬슬 가야 해요.(이만 가 봐야겠어요.)

→ 일상 대화에서 must 를 쓸 땐 '~해야 한다'라는 강한 의지와 함께 더욱 격식을 차리는 뉘앙스를 나타내요. 이 문장에선 get going 덕분에 go를 쓰는 것보다 부드러운 어감을 나타냅니다.

**Well, it's getting pretty late
and I need to get home
to make dinner.**

어머, 시간이 꽤 많이 늦어졌네요.
저는 저녁 식사 준비하러 집에 가야 해서요.

Yeah. We should get going.
Thanks for meeting me today.

그렇네요. 슬슬 가야겠네요.
시간 내 줘서 고마워요.(오늘 만나 줘서 고마워요.)

**It was my pleasure.
I always have time for you.
Are you going to head home, too?**

저도 즐거웠어요.
언제든 불러 주세요.(당신이라면 언제든 시간 낼 수 있어요.)
댁으로 가실 거죠?

Yeah. I'd better get going.
I have to wake up early tomorrow.

네. 이만 가 봐야겠어요.
내일 일찍 일어나야 되거든요.

---

pretty 꽤, 아주, 매우   head (특정 방향으로) 가다, 향하다   wake up early 일찍 일어나다

Well, look at the time.

어머, 시간 좀 봐요.

'(Would you) Look at the time.(시간 좀 봐요. → (벌써) 시간이 이렇게 되었네요.)'은 '가 봐야겠다'고 말하기 전에 운을 떼는 멘트로 유용해요. 이 표현을 쓰면 부드러운 어감으로 어색하지 않게 이야기를 마무리하며 자리에서 일어날 수 있어요. 시계를 보거나 창문 밖을 보다가 말하면 더욱 자연스럽겠지요? 'Well, would you look at the time.'처럼 전체 문장으로 말하면 더욱 부드러운 어감으로 표현된답니다.

★

+ **It's getting (a bit) late.**

시간이 좀 늦었네요.

→ 이 표현은 'It's late.(시간이 늦었어요.)'보다 부드러운 어감을 나타내요.

+ **It's already 6 PM. Time flies!**

벌써 (오후) 여섯 시예요. 시간이 참 빠르네요!

→ 'Time flies!(시간이 참 빠르네요/많이 지났네요/쏜살같네요!)'는 추억을 상기할 때도 많이 써요. 참고로 'Time flies when you're having fun!(즐거우면 시간 가는 줄도 몰라!)'도 자주 사용되는 표현이니 함께 익혀 두면 좋아요.

Well, would you look at the time.
It's already 9 PM.

어머, 시간 좀 봐요.
벌써 (오후) 9시네요.

Wow! Time flies.
**Sorry, I've been talking your ear off
for the last hour.**

와우! 시간 참 빠르게 지나가네요.
미안해요, 제가 한 시간 동안
너무 많이 이야기했어요.

**No problem.
I love being your sounding board,
but** it's getting a bit late.
We should probably head out.

괜찮아요.
전 당신 이야길 듣고 제 생각을 나누는 것을 좋아하잖아요,
시간이 좀 늦긴 한 것 같아요.
저희 이제 슬슬 출발할까 봐요.

**Yeah. It looks like the cafe is
closing soon, anyway. Let's go.**

네. 어차피 카페도 곧 닫을 거 같아요. 가죠.

---

talk someone's ear off 귀가 닳도록 이야기하다 (지나치게 말을 많이 하여 상대를 지치게 하거나 지루하게 만든다는 의미로 사용)   sounding board 아이디어나 생각을 논의하는 사람이나 단체   head out 출발하다

I'd love to stay longer, but I should get going.

조금 더 있고 싶지만 이만 가 봐야겠어요.

문장 앞에 'I'd love to stay longer, but ~.(더 있고 싶지만 ~.)'을 붙여 말하면 상대방을 배려하는 마음을 전하는 동시에 예의 바르고 친절한 인상을 줄 수 있답니다. 위의 문장에서 '~해야 한다'라는 뜻의 표현인 should(격식적) 대신에 have to(격식적/캐주얼) 또는 have got to(캐주얼)를 넣어 말할 수도 있어요.

+ **I hate to say goodbye, but I have to head home.**

헤어지고 싶지 않지만 집에 가야 해서요.

→ I'd love to stay longer보다 I hate to say goodbye가 격식에 매이지 않고 좀 더 가볍 게 쓸 수 있는 표현이에요. hate가 뜻하는 '싫어하다'가 강하고 직설적인 뉘앙스를 나타내기 때문이죠.

+ **I wish I could stick around longer, but I've got to take off.**

더 오래 있고 싶지만 그만 가 봐야 해서요.

→ '가다'라는 뉘앙스로 take off(떠나다)는 head out(출발하다)과 바꿔 쓸 수 있어요.

I had a lot of fun.
You really know how to throw a party.
I'd love to stay longer, but I should get going.

정말 재미있었어요.
파티를 열 줄 아시네요.
더 있고 싶지만, 이만 가 봐야겠어요.

Oh, that's a shame.
Are you sure you can't stay longer?
We just ordered chicken and
it's supposed to arrive any minute now.
Have some before you go.

이런, 아쉬운데요.
좀 더 계시다가 갈 수는 없어요?
방금 치킨 시켰는데, 금방 도착할 거라서요.
좀 드시고 가세요.

I wish I could, but I have some work
I need to finish up before tomorrow.
Thanks again for the invite.

저도 그러고 싶지만, 내일까지 끝내야 할 일이 있어서요.
초대해 주셔서 다시 한번 감사해요.

Alright. Thanks a lot for coming.
Get home safely!

네, 그렇군요. 와 주셔서 정말 고마워요.
조심히 가세요!

---

throw a party 파티를 열다　　any minute now 금방, 목전에

Lesson
02
What to say when...

**you want to end the
conversation**

대화를 마무리하고 싶을 때

원어민 게이지 **50%** ✈

Let's pick this up another time.

이 이야기는 다음에 다시 해요.

원어민 게이지 **80%** ✈

Sorry to cut you off, but I'd better go.

말 끊어서 미안한데, 가 봐야 할 것 같아요.

원어민 게이지 **100%** ✈

I'll leave you to your work.

하시던 일 (마저) 계속하실 수 있게 이만 가 볼게요.

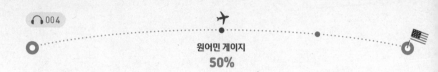
Let's pick this up another time.

이 이야기는 다음에 다시 해요.

pick up(다시 시작하다, 이어서 계속하다)은 중단된 상황으로 돌아가 계속하는 것을 의미해요. 이처럼 동사구(동사+부사/전치사)의 형태로 쓰일 땐 너무 진지하지 않게 가벼운 어감으로 표현되기 때문에 대화를 중단하고 싶은 상황에서 편하게 쓸 수 있는 좋은 표현이에요. 참고로 pick up은 문맥에 따라 '집어 들다, 데리러 가다, 간단히 사오다, 습관·재주 등을 들이게 되다, 전화를 받다' 등 다양한 의미로 쓰이니 유념하세요.

★

+ **Well, it was nice chatting. Let's do this again.**
그럼, 즐거운 대화였어요. 또 이야기해요.

→ chat은 격식을 차리지 않고 가볍게 수다 떠는 뉘앙스를 나타내요.

+ **I'd love to continue our chat later.**
다음에 대화를 이어가면 좋겠네요.(나중에 계속 얘기하면 좋겠어요.)

→ 'I'd love to continue our chat over coffee/lunch/dinner/drinks.(언제 커피/점심/저녁/술을 하면서 계속 얘기하면 좋겠어요.)'와 같이 말할 수도 있어요.

Are you alright?
You keep checking your phone.

무슨 일 있어?
계속 휴대폰을 확인하는 것 같아서.

Yeah, sorry.
I'm checking the time.
I'd love to continue our chat,
but I've got to run. I'm going
to be late to pick up my son.

응. 미안. 시간을 보고 있었어.
계속 이야기하고 싶은데,
가 봐야 할 것 같아.
아들 데리러 가는 데 늦을 것 같네.

Alright.
Let's pick this up another time.

그래.
이 이야기는 다음에 다시 하도록 해.

Sure.
It was nice chatting with you.

그러자.
너랑 이야기해서 즐거웠어.

---

keep ~ing 계속 ~하다   continue 계속하다   pick up ~를 데리러 가다, 태우다

원어민 게이지
80%

Sorry to cut you off, but I'd better go.

말 끊어서 미안한데,
가 봐야 할 것 같아요.

cut somebody off(말을 막다/끊다)는 상대방이 말하는 도중 끼어들 때 사용할 수 있는 표현으로 interrupt somebody(남의 이야기를 가로막다)보다 일상적으로 가볍게 쓰이는 표현이에요. 레슨1에서 살펴 본 had better/best ~(~해야 한다, ~하는 편이 좋다) 역시 should(~해야 한다)와 동일한 의미로 쓰이지만 좀 더 일상적인 표현으로 캐주얼하게 쓰인답니다.

★

+ **Anyway, I need to get to the bank before it closes.**
그런데, 저 오늘 문 닫기 전에 은행에 가야 해서요.

  → Anyway, I have (got) to/should ~. 그런데, 저 ~해야 해(서)요.

+ **Well, I'm actually on my own way to meet someone.**
실은, 저 누굴 만나러 가던 길이었어요.

  → on my way to+동사(장소) ~하러(~로) 가는 길에

So, then I told him off and...

그래서, 난 그 사람을 꾸짖었는데...

Hey. Sorry to cut you off,
but I'd better go.
I'm going to miss my bus.

저기. 말 끊어서 미안한데,
나 가 봐야 해서.
버스를 놓칠 것 같아.

Of course.
Sorry. I'm such a blabbermouth.
I'll talk to you later!

그래.
미안. 내가 말이 너무 많지.
나중에 얘기하자!

Okay.
Take care!

그래.
잘 지내고!

---

tell somebody off 야단치다, 핀잔을 주다, 혼내다   blabbermouth 입이 싼 사람, 말이 많은 사람

I'll leave you to your work.

하시던 일 (마저) 계속하실 수 있게 이만 가 볼게요.

I'll leave you to+명사/동사의 형태로 쓰여 상대방이 무엇인가를 마저 할 수 있도록 나는 이만 가보겠다는 뉘앙스를 나타내요. 일상적으로 가볍게 쓰이는 표현으로 **명사/동사** 자리에 구체적인 일을 넣어 말할 수 있어요. 참고로 한국인들이 먼저 자리를 뜰 때 '수고하세요.'라는 말을 자주 하는데요. 영어로는 'I'll leave you to it.'이라고 하면 된답니다.

★

+ **I'll let you go.**

그럼, 이만 끊을게요.

→ 주로 전화할 때 자주 사용하는 표현이에요. 참고로 let somebody go는 '풀어주다, 석방하다'라는 뜻으로, 또는 누군가를 혼내지 않기로 결정하면 '봐주다'라는 뜻으로 쓰입니다.

+ **I'll let you get back to** cooking.

다시(마저) 요리할 수 있게 그만 붙잡고 있을게요.

→ I'll let you get back to+명사/동명사. 다시 ~할 수 있도록 놔줄게/보내줄게. → 그만 붙잡을게.

26

**That is such a funny story.
It sounds like you had
a blast on your trip.**

정말 재미있는 얘기네요.
여행에서 엄청 즐거운 시간을 보내신 것 같아요.

**Yeah. I had a good time
but now I'm back to the real world.
Anyway, I'll leave you to your work.**

맞아요. 즐거웠지만
이젠 현실로 돌아왔네요.
자 그럼, 하시던 일 계속 하시도록
저는 이만 가 볼게요.

**Yeah. I should get back to it.
Well, thanks for dropping by my desk.**

그래요. 하던 일 마저 해야겠네요.
제 자리에 들러 줘서 고마워요.

**Sure.
Maybe we can grab lunch
today or tomorrow.
Let me know.**

뭘요.
오늘이나 내일 점심 같이 먹어요.
(편할 때) 알려 주세요.

have a blast 아주 즐거운 한때를 보내다   drop by 잠깐 들르다, 불시에 찾아가다   grab lunch 밖에서
점심을 사먹거나 먹다

Lesson

03

What to say when...

you want to change the topic

화제를 전환하고 싶을 때

This is going off topic, but what do you think about the new guy?

다른 얘긴데, 새로 온 남자에 대해 어떻게 생각하세요?

Speaking of which, I got an invitation to her birthday party.

얘기가 나왔으니 말인데요, 저 그 사람 생일 파티에 초대받았어요.

Before I forget, here's the pen I borrowed yesterday.

깜빡하기 전에, 여기 어제 빌린 펜 드릴게요.

This is going off topic, but what do you think about the new guy?

다른 얘긴데, 새로 온 남자에 대해 어떻게 생각하세요?

대화 도중 문득 다른 이야기가 생각나서 자연스럽게 새로운 화제로 넘어가는 멘트로는 'This is going off topic, but ~.(다른 얘긴데, ~.)'이 유용해요. off topic(주제에서 벗어난)은 동사 go/be와 주로 함께 쓰여 아래의 예문처럼 <u>화자/화제+go off topic</u> 또는 <u>화제+be off topic</u>의 형태로 편안한 자리에서나 격식적인 자리에서 모두 쓸 수 있어요.

→ He goes off topic often.
그는 자주 주제에서 벗어나요.(그의 이야기는 종종 옆길로 새요.)

→ This <u>conversation</u> is off topic. 이 대화는 주제에서 벗어나요.

★

+ **This is changing the subject, but** we should plan our summer vacation.
다른 얘기긴 한데, 우리 여름 휴가 계획을 세워야 해요.

→ this is 대신에 I am으로 바꿔 쓸 수 있으며, 더욱 예의 바르고 부드럽게 말하고 싶다면 I don't mean to+동사(~을 하려는 것은 아니지만)를 추천해요.

+ **This is digressing a little, but** I need your advice about something.
좀 다른 얘기지만, 제가 조언이 필요해요.

→ digress(주제에서 벗어나다)는 좀 더 격식적이고 고급스런 표현이에요.

Now that we chose
which neighborhood we want to move to,
we should really start visiting places
that are within our budget.

이제 우리 이사할 동네를 정했으니
예산 범위 내에 있는 집들을 진짜 보러 다니기 시작해야 해.

Yeah. This is going off topic a little, but
what do you think about the realtor?
I get kind of a weird vibe from her.

그렇지. 이건 좀 다른 얘긴데,
부동산 중개인에 대해 어떻게 생각해?
좀 이상한 느낌을 받아서.

A weird vibe? I thought she seemed
professional and trustworthy. Do you
want to look for a different realtor?

이상한 느낌? 나는 그 사람이 전문적이고 믿을 만하다고
생각했는데. 다른 부동산 중개인을 알아보고 싶어?

Well, maybe we can keep our options
open and see what some other realtors
have to say.

그럼, 그 사람으로 (아직) 결정하진 말고
다른 부동산 중개인들은 뭐라고 하는지 들어 보자.

---

within (a) budget 예산 범위(한도) 내에서   realtor 부동산 중개인   vibe 분위기, 느낌, 낌새
keep one's options open 선택(결정)을 보류하다

Speaking of which, I got an invitation to her birthday party.

얘기가 나왔으니 말인데요,
저 그 사람 생일 파티에 초대받았어요.

speaking of which(말이 나온 김에)는 이야기하고 있던 주제와 관련된 어떤 것이 생각났을 때 쓸 수 있는 표현이에요. 일상적인 편안한 자리에서나 격식적인 자리에서 모두 쓸 수 있습니다. 위에서는 문맥상 her(그녀)에 대해 이야기하던 중 갑자기 그 사람의 생일 파티에 초대받은 사실이 기억나서 말을 꺼낸 것으로 이해할 수 있어요.

★

+ **Come to think of it,** I haven't seen him after that day.

그러고 보니 그날 이후로 그 사람을 보지 못했어요.

→ come to think of it(생각하건대, 그러고 보니까)은 대화 도중 생각이나 아이디어가 떠오를 때 즐겨 사용하며, an idea/a thought come to+mind/사람(갑자기 좋은 아이디어가 떠오르다)으로도 표현할 수 있어요.

+ **By the way,** what did you think of that restaurant?

그런데, 그 식당은 어땠어요?

→ by the way는 '그런데, 그나저나'라는 의미로 화제를 바꿀 때, 또는 '있잖아요'라는 의미로 꺼내기 힘든 말을 하고 싶을 때도 사용해요. 좀 더 고급스럽고 격식적인 표현으로는 incidentally(그런데, 그건 그렇고)가 있어요.

Hey. How was your day?
Did you stop by the DMV?

안녕. 오늘 하루는 어땠어?(오늘 하루 잘 보냈어?)

차량관리국에는 들렸고?

Yeah. It was okay.
The DMV was packed as usual.
Speaking of which, I ran into Pete there.
It seemed like he was going through
a hard time, but I didn't want to pry.

응. (오늘) 잘 보냈지. 차량관리국은 평소처럼 꽉 차 있더라.
얘기가 나왔으니 말인데, 나 거기서 Pete를 우연히 만났어.
힘들어 보였는데, 캐묻고 싶지는 않더라고.

You didn't hear?
He's going through a divorce.

못 들었어? Pete 이혼 절차를 밟고 있잖아.

Oh my god. I had no idea!
Weren't they married for something
like 10 years? No wonder he looked so bad.

웬일이니. 전혀 몰랐어!
결혼한 지 10년 정도 되지 않았나?
그래서 그렇게 안 좋아 보였구나.

· ·

stop by 잠시 들르다　　DMV(Department of Motor Vehicles) 차량관리국　　as usual 평상시처럼,
늘 그렇듯이　　run into 우연히 만나다　　go through 겪다　　pry (남의 사생활을) 캐묻다　　no wonder
그도 그럴 것이

원어민 게이지
100%

Before I forget, here's the pen I borrowed yesterday.

깜빡하기 전에, 여기 어제 빌린 펜 드릴게요.

before I forget은 '내가 잊어버리기 전에 ~를 말하겠다'는 의미로 잠깐 중요한 얘기를 하고 싶을 때 사용해요. 대화를 다른 주제로 바꾸고 싶은 것은 아니지만 상대방이 이야기하는 도중에 끼어들며 말할 때 쓸 수 있는 표현이에요.

★

+ **While I remember, what do you feel like eating tonight?**

기억난 김에, 오늘 밤에 뭐 먹고 싶어요?

→ while I remember(기억난 김에) 대신 while we're on the subject(그 얘기가 나온 김에) 또는 while we're at it(말 나온 김에, 하는 김에)으로 바꿔 말할 수도 있어요.

+ **That reminds me, I need your signature on this.**

그러고 보니 (생각났어요), 여기에 서명이 필요해요.

→ that reminds me(그러고 보니 생각난다)는 '말이 나온 김에, 깜빡하기 전에'라는 두 의미를 모두 나타내요.

The chicken's in the oven.
It should be ready by 6.
Are you hungry?

오븐 안에 치킨 있는데,
6시까지는 준비될 거예요.
배고파요?

I'm okay. I can wait until then.
Oh, before I forget,
the Roberts invited us
to a dinner party this Friday.
Do you want to go?

괜찮아요. 그때까지 기다릴 수 있어요.
아, 깜박하기 전에, Robert네 가족이
이번 주 금요일 저녁 모임에
우리를 초대했어요. 가 볼래요?

The Roberts?
You mean our neighbors?

Robert 가족이요? 우리 이웃 말하는 거지요?

Yeah.
They seem like nice people.
If you're up for it, let's go.

맞아요. 좋은 사람들 같던데.
당신만 괜찮다면 갑시다.

....

be up for ~을 하는 게 괜찮다/좋다 (어떤 활동을 할 준비가 되어 있다는 의미로, '~할 생각이 있다, 관심이 있다' 등
맥락에 맞게 해석. 주로 의향을 묻는 표현에서 사용)

Lesson
04

What to say when...

you want to return to the topic

하던 얘기로 돌아가고자 할 때

Let's try to get back on track.

다시 본론으로 돌아가요.

I think we got a little sidetracked.

우리 얘기가 옆길로 좀 샌 것 같아요.

Like we were talking about, you never know unless you try.

우리가 이야기했듯이, 해 보지 않으면 알 수 없어요.

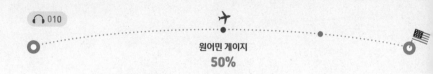
Let's try to get back on track.

다시 본론으로 돌아가요.

간단하게는 'Let's get back on track.(다시 본론으로/원래 얘기로 돌아가요.)'으로 말해요. get back on track(제자리로 돌아가다, 정상으로 돌아오다)은 중요한 이야기를 다시 하고자 할 때도 쓰이지만, 건강한 습관을 되찾거나 어떤 문제나 슬럼프를 겪은 후 정상으로 돌아올 때도 쓰여요. 이 표현은 선로(track)를 이탈했던 기차가 원래의 궤도로 다시 돌아오는(get back) 장면을 그리면 더 쉽게 기억할 수 있답니다.

→ I didn't work out for a couple weeks, but I <u>got back on track</u> this week.
  (몇 주 동안 운동을 안 했는데, 이번 주에는 <u>정상으로 돌아왔어요/다시 시작했어요.</u>)

. . . . ★ . . . .

+ **We should return to what we were discussing.**
  원래 논의 중이었던 이야기로 다시 돌아갑시다.

  → return to(돌아가다, 또다시 시작하다)는 좀 더 격식을 차릴 때 쓸 수 있는 표현이에요.

+ **It's time to get back on topic.**
  다시 주제로 돌아갈 시간이에요.

  → '되돌아가다'를 뜻하는 get back to+(동)명사 / get back on+명사는 일상적으로 가볍게 쓰는 캐주얼한 표현이에요.

Speaking of which, did you see that
that director is going to release a new movie
next month? I'm a big fan of her work,
so I'm really looking forward to it.

말 나온 김에, 그 감독이 다음 달에 새 영화 개봉하는 거 봤어?
난 완전 그 감독 작품 팬이어서, 너무 기대돼.

Yeah. I saw that.
Let's try to get back on track, though.
The show is going to be on HBO
but I don't have a subscription. Do you?

응, 봤지. 그런데 하던 이야기를 다시 하자면
그 프로그램이 HBO에서 방영될 예정인데,
난 가입을 안 했거든. 넌 가입했어?

No, I don't have one either.
Since you really like that director too,
maybe we can pitch in and share
the subscription while the show is running?

아니, 나도 가입 안 했어. 너도 그 감독을 정말 좋아하니까
그 프로그램이 방영되는 동안 같이 부담해서
구독을 공유할 수 있을 거 같은데 (어때)?

Sounds good!

좋은 생각이야!

release 공개하다, 개봉   subscription 가입, 구독   pitch in 부담하다, 기여하다, 협력하다

I think we got a little sidetracked.

우리 얘기가 옆길로 좀 샌 것 같아요.

get sidetracked(이야기 등이 옆으로 새다/빠지다)는 이야기가 주제에 벗어날 때 자주 사용되는 표현으로 '산만해지거나 중요한 문제에 집중하지 못한다'는 뉘앙스를 나타내요. 위에서와 같이 문장에 I think ~(제 생각에 ~인 것 같아요)와 a little(조금, 약간)을 덧붙여 'I think we got a little sidetracked.(우리 얘기가 옆길로 좀 샌 것 같아요. / 우리 (얘기)가 약간 옆으로 빠진 것 같아요.)'와 같이 표현하면 상대방에게 더욱 부드러운 어조로 전달됩니다.

★

+ **Let's not stray from the subject at hand.**

우리 당면한(지금 논의하고 있는) 주제에서 벗어나지 말자고요.

→ stray from ~에서 빗나가다/벗어나다

+ **Sorry for going off on a tangent.**

(이야기가) 삼천포로 빠져서 미안해요.

→ fly/go off on a tangent(이야기 등이 갑자기 옆길로 새다, 생각(화제) 등을 갑자기 바꾸다) 는 수학에서 '접선'을 뜻하는 tangent로부터 이야기가 벗어나는(go off) 상황을 연상해 보면 이해하기 쉬워요.

What are your holiday plans?

휴가 때 뭐 할 거예요?

I'm going to my parents' house as usual. Christmas is at their place this year, so all my extended family will be coming.

늘 그렇듯이 부모님 댁에 가려고요.
올해는 크리스마스를 부모님 댁에서 보낼 거라
대가족이 전부 다 올 거예요.

Hey, guys!
I think we got a little sidetracked.
I know Christmas is just around the corner, but we really need to finish this project before then.

저기, 여러분!
우리 얘기가 옆길로 좀 샌 거 같아요.
크리스마스가 얼마 남지 않은 건 알지만,
그 전에 이 프로젝트를 정말로 끝마쳐야 합니다.

You're right. Sorry. We should get back on track and finish this.

맞는 말이에요. 미안해요.
본론으로 돌아가서 이 일을 끝마칩시다.

---

extended family 대가족   around the corner 임박하여, 코앞에 와 있는

원어민 게이지
100%

Like we were talking about, you never know unless you try.

우리가 이야기했듯이,
해 보지 않으면 알 수 없어요.

talk about은 '이야기하다, 수다를 떨다'라는 뜻으로 일상적으로 가볍게 쓸 수 있는 표현이에요. 더불어 상대방과 '~에 대하여 이야기한다'고 말할 때 talk about 대신 discuss로도 많이 쓰는데, discuss는 '논의/상의하다'라는 뜻의 비교적 격식적인 표현으로 '어떤 대상을 두고 서로의 생각을 나눈다'라는 뉘앙스를 나타내요. 참고로 discuss에는 about의 뜻이 포함되어 있기 때문에 discuss something의 형태로 쓰인다는 점도 유의하세요.

★

+ **As I was saying, the design can be improved.**

말씀 드렸듯이, 그 디자인은 나아질 수 있어요.

→ 실제로 했던 말에 집중시키며 언급한 내용을 강조하는 뉘앙스로 as I was saying(말씀드렸듯이)를 사용할 수 있어요. 더욱 캐주얼하게 말할 때엔 like I said(내가 말했듯이)를 써서 말하면 돼요.

+ **The point I was trying to make was we need to seriously consider how we're going to get by after retirement.**

내가 말하고자 한 것은 은퇴 후 어떻게 살아갈지 진지하게 고민해야 한다는 거예요.

→ the point I'm trying to make 내(가 하고 싶은) 말은, 내 결론은
   get by 그럭저럭 살아가다

Did you get a haircut?
Well, it looked better before.

머리 잘랐어?
음, 전이 더 괜찮아 보였는데.

Gee, thanks.
Anyway, like we were discussing
before we were so rudely interrupted,
I'm going to buy season tickets
and if you chip in, we can use them together.

머, 고맙다. (언짢은 말투)
어쨌든 무례한 말참견을 듣기 전에
이야기했듯이 내가 시즌 티켓을 살 건데
너희가 각출한 만큼 비용을 내면
다 같이 시즌 티켓을 쓸 수 있다는 거야.

Yeah. I'd love to chip in
and buy the season tickets together.
For what it's worth, I like your haircut.

그래. 각출해서(비용을 나누어 부담해서) 시즌 티켓을 함께 사자.
(참,) 그냥 내 생각이지만 난 너 머리 자른 거 멋있어.

Thanks.

고마워.

---

gee (놀람 또는 감탄의) 야, 와, (짜증스러움의) 에이, 이런   be interrupted 방해를 받다 (문맥상 '말참견을 듣
다'로 해석)   season ticket 정기권, 시즌 티켓   chip in 각출하다, 나눠서 내다   for what it's worth
그냥 내 생각일 뿐이지만, 도움이 될지 모르겠지만

Lesson

05

What to say when...

you know about something

알고 있는 정도를 표현할 때

원어민 게이지 **50%** ✈

I've heard of that singer, but I've never listened to any of his music.

그 가수 이름은 들어 봤는데, 음악은 들어 본 적이 없어요.

원어민 게이지 **80%** ✈

I'm no stranger to controversies like this.

저는 이런 논란이 처음은 아니에요.

원어민 게이지 **100%** ✈

I make sure to keep up with the trends.

유행에 뒤떨어지지 않으려고 노력하고 있어요.

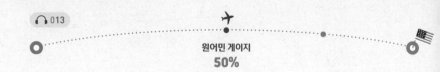
I've heard of that singer, but I've never listened to any of his music.

그 가수 이름은 들어 봤는데, 음악은 들어 본 적이 없어요.

hear of(~에 대해 듣다)는 존재나 사실 여부 등에 대해 들어 본 적은 있으나 자세히는 모를 때 주로 사용해요. 예를 들어 'Have you heard of A?'라고 한다면 'A라는 대상에 대해 들어 본 적이 있어요?(A를 알고 있어요?)'라는 의미가 되겠죠. 반면 hear about(~에 대해 상세히 듣다)은 지식이나 정보 등 더욱 상세한 정보를 들었을 때 쓰기 적합한 표현인데요, 만일 'Have you heard about A?'라고 한다면 'A의 소식이나 정보를 (좀 자세히) 아는 게 있어요?'라고 물어보는 거예요.

✦ **I know of some good home remedies for a cold.**

감기에 좋은 가정 요법을 좀 알고 있어요.

→ know of는 직접 해 보지 않았거나 자세히 설명하지는 못하기 때문에 '알고는 있지만 전문가는 아니라는 점을 강조'하는 뉘앙스를 나타내요. 반면 know (about)을 써서 말한다면 좀 더 자세히 전문적으로 알고 있다는 뉘앙스를 나타냅니다.

✦ **I have a nodding acquaintance with my neighbor.**

이웃과 인사하면서 지내는 사이예요.

→ nodding acquaintance는 안면이 있기 때문에 '만나면 가볍게 인사하는 사이'를 뜻하며 acquaintance는 '(친분이 있는) 지인'을 뜻해요.

**Have you been to the new
Asian fusion restaurant downtown?
It's getting rave reviews.**

시내에 새로 생긴 아시아 퓨전 레스토랑에 가 봤어요?
극찬이 쏟아지고 있더라고요.

**I've heard of it,
but I haven't been there yet.**

들어는 봤는데,
아직 가 보진 않았어요.

**We should go and see
what all the fuss is about.**

뭐 때문에 다들 이리 야단법석을 떠는지
우리가 (직접) 가서 봐야겠어요.

**Sounds good to me.
I'm always down to eat good food.**

좋지요.
맛있는 음식을 먹는 건 언제든 좋아요.

---

downtown 시내에, 시내로   rave 격찬하는, 마구 칭찬하는, 열광적인   fuss 호들갑, 법석, 야단, 난리
be down ~하는 데 흥미가 있다, 하고 싶다, ~해도 좋다

I'm no stranger to controversies like this.

저는 이런 논란이 처음은 아니에요.

be no stranger to(~가 낯설지 않다)는 직접 경험을 해 봤기 때문에 잘 알고 있다는 뉘앙스를 나타내요. 따라서 낯설지 않고 놀랍지 않은 상태를 나타내요. 위와 같이 말한다면 'I'm an expert when it comes to controversies like this.(이런 논쟁에 있어서는 제가 전문가예요/아주 잘 알고 있어요.)'라고 말하는 것보다 겸손하게 들려요.

⭐

+ I'd like to think/believe that I'm in the know.

제가 알고 있다고 생각하고/믿고 싶어요.

→ '사실이 아닐 수도 있지만 그렇게 생각하거나 믿고 싶다'는 뉘앙스를 나타내요.

+ I know my stuff.

제 일은 제가 잘 알아요.

→ 어떤 분야나 일의 영역에서 사용할 수 있는 표현이에요. 참고로 'I know the drill.(어떻게 해야 하는지 제가 알아요.)'도 많이 쓰이니 함께 익혀 두면 유용해요.

Hey. I need to edit this photo,
but I have no idea what I'm doing.
You're a photo editing expert, right?

저기요. 이 사진을 수정해야 되는데,
어떻게 하는지 당최 모르겠어요.
사진 편집 전문가이시죠?

I wouldn't call myself an expert,
but I'm no stranger when it comes to
photo editing. What are you going for?

전문가라고 할 순 없지만, 사진 편집하는 일이라면
처음은 아니죠. (사진을) 어떻게 하고 싶은 건데요?

Nothing crazy. I just want to do
some touch-ups like erasing this pimple.
Can you do it?

별 건 아니고요. 그냥 이 여드름을
지우는 정도의 약간의 보정이요.
할 수 있어요?

Yeah, of course.
That's a piece of cake.

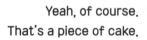

그럼요, 물론이죠.
그 정도는 식은 죽 먹기예요.

edit 편집하다, 수정하다　　when it comes to ~라면, ~에 관한 한　　go for 좋아하다, 시도하다
touch-up 수정, 보정　　a piece of cake 식은 죽 먹기, 누워서 떡 먹기

I make sure to keep up with the trends.

유행에 뒤떨어지지 않으려고 노력하고 있어요.

keep up with(~에 뒤떨어지지 않다, ~에 밝다)는 변화에 뒤처지지 않으려고 따라가는 모습을 그릴 수 있으며 뉴스나 유행 등을 알고 이해할 때 쓸 수 있는 표현이에요. 반대로 '~보다 뒤떨어지다, 뒤처지다'라는 뜻의 표현으로는 lag behind가 있어요.

* * * ★ * * *

+ **I make it a point to keep up with the times.**

시대에 뒤처지지 않으려고 애쓰고 있어요.

→ make it a point to ~하곤 하다, ~하려고 애쓰다

+ **If you want to make it in this business, you must keep your finger on the pulse of the industry.**

이 사업에서 성공하고 싶다면, 업계의 동향을 잘 파악해야 해요.

→ keep one's finger on the pulse of ~의 생각/의향/실상을 잘 파악하고 있다

I love your pants!

바지가 참 멋지네요!

**Thanks.
I bought them the other day
after one of my favorite fashion YouTubers
said they would be on trend this season.**

고마워요.
얼마 전에 제가 좋아하는 패션 유튜버 중 한 명이
이번 시즌에 유행할 거라고 해서 샀어요.

You are so good at
keeping up with the trends.

유행을 잘 따라가는 군요.

**I don't follow all the trends,
but I like picking and choosing what suits me
and incorporating it into my wardrobe.**

모든 유행을 다 따르는 건 아니지만,
저한테 잘 어울리는 걸 골라서
제 옷장에 넣는 걸 좋아해요.

---

the other day 일전에, 며칠 전에   on trend(on-trend) 유행하는   incorporate A into B A를 B에 통합시키다/포함하다 (문맥상 '옷장에 옷을 넣다'로 해석)   wardrobe 옷장

01 I'd better ....

이만 가 봐야겠어요.(슬슬 갈까 싶어요.)

02 .... , but I should get going.

조금 더 있고 싶지만 이만 가 봐야겠어

03 Let's .... another time.

이 이야기는 다음에 다시 해요.

04 .... , but I'd better go.

말 끊어서 미안한데, 가 봐야 할 것 같아요.

05 I'll .... your work.

하시던 일 (마저) 계속하실 수 있게 이만 가 볼게요.

06 .... , but what do you think about the new guy?

다른 얘긴데, 새로 온 남자에 대해 어떻게 생각하세요?

07 .... , I got an invitation to her birthday party.

얘기가 나왔으니 말인데요, 저 그 사람 생일 파티에 초대받았어요.

08 .... , here's the pen I borrowed yesterday.

깜빡하기 전에, 여기 어제 빌린 펜 드릴게요.

09 Let's try to ....

다시 본론으로 돌아가요.

10 I think we ....

우리 얘기가 옆길로 좀 샌 것 같아요.

11 .... , you never know unless you try.

우리가 이야기했듯이, 해 보지 않으면 알 수 없어요.

12 .... that singer, but .... any of his music.

그 가수 이름은 들어 봤는데, 음악은 들어 본 적이

13 I'm .... controversies like this.

저는 이런 논란이 처음은 아니에요.

14 I make sure to .... the trends.

유행에 뒤떨어지지 않으려고 노력하고 있어요.

⭐

01 get going **02** I'd love to stay longer **03** pick this up **04** Sorry to cut you off
05 leave you to **06** This is going off topic **07** Speaking of which **08** Before I forget
09 get back on track **10** got a little sidetracked **11** Like we were talking about
12 I've heard of, I've never listened to **13** no stranger to **14** keep up with

Lesson
06 - 10

What to say when...

Lesson

06

What to say when...

you don't know about something

잘 모르는 정도를 표현할 때

원어민 게이지 **50%** ✈

That's news to me.

금시초문이에요.

원어민 게이지 **80%** ✈

I'm out of touch with **the latest developments.**

최신 동향은 잘 몰라요.

원어민 게이지 **100%** ✈

My English got rusty, so I need to brush up on it.

영어 실력이 녹슬어서 다시 공부해야 해요.

That's news to me.

금시초문이에요.

'나로서는 처음 듣는 소식이다'라는 의미로, 어떤 소식이나 이야기 · 정보 등을 미리 듣지 못해 조금 놀라거나 짜증이 날 때 많이 사용하는 표현이에요. 이처럼 처음 소식을 들은 상황에 불만스럽다는 뉘앙스를 갖고 있기 때문에 감정을 실은 어조로 말한다면 상대방에게 불편한 마음이 내비쳐 보일 수 있어요. 그저 놀라기만 했다면 너무 부정적인 어조로 말하지 않도록 유의하는게 좋겠죠?

⭐

+ **I never knew that.**

그건 전혀 몰랐어요.

→ '요만큼도 몰랐다/지금 처음 들었다'라는 뉘앙스를 나타내요. 여기서 never는 not at all(조금도/전혀 그렇지 않다)의 뜻으로 쓰였어요.

+ **Who would have thought?**

누가 생각이나 했겠어요?(전혀 예상하지 못했어요.)

→ 간단하게는 'Who knew?(누가 알겠어요?)'라고도 하며 예상하지 못했던 내용을 알게 되었을 때 쓸 수 있어요.

Hey. Jennifer said you were going to let her borrow your camera. Can I borrow it when she's done?

저기요. Jennifer한테 카메라를 빌려준다고 들었어요.
Jennifer가 다 쓰면 제가 빌려도 될까요?

Jennifer's going to borrow my camera?
That's news to me.

Jennifer가 제 카메라를 빌려간다고요?
금시초문인데요.

She said she talked to you about it the other day. She wants to use it during her trip.

며칠 전에 얘기했다고 말했거든요.
Jennifer가 여행 가서 쓰고 싶어 하더라고요.

This is the first time I'm hearing any of this. Anyway, I don't like lending out my camera. It cost me a lot and I don't want to see it get broken.

전 다 처음 듣는 이야기예요. 어찌 됐건
전 카메라 빌려주는 걸 좋아하지 않아요.
비싸게 산 것이라 망가지는 걸 보고 싶진 않거든요.

---

the other day 며칠 전에, 일전에　cost 비용이 들다 (문맥상 it cost me a lot을 '비용이 많이 들었다 →
비싸게 샀다'라고 해석)　get broken 망가지다

I'm out of touch with the latest developments.

최신 동향은 잘 몰라요.

be out of touch with는 대표적으로 두 가지 뜻을 나타내는데요, 위에서와 같이 '~에 대해 잘 모르다, 동떨어져 있다'는 뜻으로 쓰일 땐 무엇을 알기 위한 노력을 하지 않거나 그것에 대해 잘 모르는 상황에서 사용해요. 반면 '연락이 닿지 않다'라는 뜻으로 쓰일 땐 최근에 연락한 적이 없다는 상황을 내포하고 있어요.

★

+ **I'm behind the times.**

전 시대에 뒤떨어져 있어요.

→ be동사는 뒤처진 상태를 강조하는 반면 fall을 써서 'I fell behind the times.'라고 표현하면 뒤처지게 된 과정을 강조하게 됩니다.

+ **We're behind the curve.**

우리는 뒤처져 있어요.

→ 마찬가지로 be동사(상태 강조) 대신 fall(과정 강조)을 넣어 말할 수 있어요.

Did you see the governor's remarks about increasing taxes for citizens?

시민 세금 인상에 대해서 주지사가 발언한 거 봤어요?

Yes. It just goes to show you that politicians are completely out of touch with the real world.

네. 그건 딱 정치인들이 현실 세계와 완전히 동떨어져 있다는 걸 보여 주더라고요.

You're telling me. They're completely behind the times **and yet they say they are representing us and standing up for the common good.**

제 말이 그 말이에요.
그 사람들은 완전히 시대에 뒤떨어져 있으면서 우리를 대변하고 공익을 옹호한다고 말해요.

What a joke.

어이가 없더라고요.

You're telling me. 내 말이 바로 그 말이에요. / 전적으로 동의해요.　　represent 대변하다　　stand up for 옹호하다, 지지하다　　the common good 공익, 공동선　　What a joke. (어처구니없는 상황에서 황당함을 드러낼 때) 말도 안 돼. / 어이가 없어.

My English got rusty, so I need to brush up on it.

영어 실력이 녹슬어서 다시 공부해야 해요.

실력이 예전에 비해 떨어지거나 배웠던 것을 잘 기억하지 못하는 상황이라면 get rusty(녹슬다, 예전 같지 않다)를 써서 표현할 수 있어요. 더불어 brush up(복습하다)은 이미 배웠던 것을 복습할 때 흔히 사용하는 표현으로 review(복습하다)보다 캐주얼하게 쓰는 표현이에요.

⭐

✛ I should read up on current events.

시사 문제에 관해 많이 공부해야겠어요.

→ 어떤 것에 대한 사전 조사나 공부를 할 때 쓸 수 있는 표현인 read up on(~에 관하여 많이 공부하다)은 read about(~에 대해 읽다)과 의미를 구별해서 사용하니 유의하세요.

✛ It's a sign that it's time to hit the books.

공부를 시작할 때가 되었다는 신호죠.

→ hit the books 맹렬히 공부하다 (소위 '열공하다'라는 의미로 '책을 열심히 파다'라는 뉘앙스)

I thought you learned piano since you were little.

나는 네가 어렸을 때부터
피아노를 배웠다고 생각했거든.

I did, but it's been ages since I've even looked at a piano. I got rusty. I need to brush up on it some more **before I can play anything for you.**

응 그랬는데, 피아노를 안 본 지도
너무 오래되어서 (실력이) 녹슬었어.
너한테 연주해 주기 전에 좀 더 연습(복습)해야겠어.

That's a promise! You're going to practice again and then play me something! Don't let all those years of learning go to waste.

약속한 거야! 다시 연습해서 연주해 줘!
피아노 배웠던 그 오랜 시간을 수포로 만들지 마.

It might be a while, but I'll play you something one day.

시간이 좀 걸릴 수도 있지만,
나중에 (꼭) 들려 줄게.

---

go to waste 수포로 돌아가다, 폐물이 되다   It might be a while. 시간이 좀 걸리다. / 한동안 걸리다.
one day 언젠가, 어느 날 (문맥상 미래의 어느 시기인 '나중에'로 해석)

Lesson

07

What to say when...

you can relate

공감할 때

원어민 게이지 **50%** ✈

I understand where you're coming from.

무슨 말인지 알아요.

원어민 게이지 **80%** ✈

I can relate to what you're saying.

무슨 말인지 이해가 돼요.

원어민 게이지 **100%** ✈

You're preaching to the choir.

두말하면 잔소리지요.

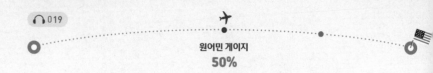
I understand where you're coming from.

무슨 말인지 알아요.

상대방이 처한 상황이나 이야기하는 내용을 이해하고 공감하는 경우에 자주 쓰는 표현이에요. 직역하면 '당신이 어디에서 왔는지 알겠다'인데, 화자의 심정을 공감하는 상황에서 '당신이 무슨 말 하는 것인지 알겠다, 당신의 의중을 알겠다, 당신이 왜 그런지 이해한다'와 같은 뉘앙스로 해석할 수 있어요. 단순히 'I see.(그렇군요.)' 또는 'I understand.(이해해요.)'라고 말하는 것보다 상대방을 공감하려는 태도가 엿보이는 유용한 표현입니다.

⭐

+ **I get it.**

  이해해요.(저도 그래요.)

+ **I know what you mean.**

  무슨 말인지 알아요.

  → know 대신 get을 넣어 말해도 동일한 의미를 나타내요.

Are you alright?
You look really upset.

괜찮아요?
정말 화가 나 보여요.

Yeah, I'll be okay.
I just can't believe he threw me
under the bus like that
in front of everyone.

네, 괜찮아질 거예요.
그 자가 다른 사람들 앞에서 저를 그렇게
배신하다니 믿을 수가 없어요.

I understand where you're coming from.
If you ever want to talk about it,
I'm here.

무슨 말인지 알아요.
그 일에 대해 이야기하고 싶으면
언제든지 하세요.

Thanks.
That's kind of you.

고마워요.
친절하시네요.

----

throw somebody under the bus 자신의 이익을 위해서 다른 사람을 배신하다, 잘못한 것을 남의 탓으로 돌리다, 해코지하다

I can relate to what you're saying.

무슨 말인지 이해가 돼요.

relate는 '관련시키다, 결부시키다'라는 뜻인데요. 뒤에 to+(자신과 결부시킬) 대상을 붙여 I can relate to+대상으로 말한다면 '~에 공감하다'라는 뜻으로 통해요. 즉, 자신을 어떤 대상에 관련지어 공감할 때 쓰는 표현으로 '나 또한 너와 비슷한 상황을 겪어 봐서 공감이 된다'는 뉘앙스를 갖고 있어요. 간단하게는 'I can relate.'라고 말할 수 있으며 문맥에 따라 '나도 그래. / 나도 그 기분 알지. / 네 입장 공감해. / 암, 알고 말고(이해해).'와 같이 해석할 수 있어요.

⭐

+ I've been there.
제가 겪어 봐서 알아요.

→ 직역을 하자면 '거기 가 봤어'인데, 상대방의 마음을 공감할 때 '나도 다 겪어 봤지'라는 뉘앙스로 자주 쓰이는 표현이에요.

+ I feel you.
이해해요.

→ 자주 쓰이는 일상적인 표현으로 '네 심정을 이해해'라는 뉘앙스를 나타내며 'I hear you.'라고도 해요.

What were your parents like growing up? Were they as demanding as I imagine them to be?

당신의 부모님은 당신을 어떻게 키우셨나요?
제가 생각하는 것만큼 까다로우셨나요?

Yeah, basically. They didn't accept anything short of perfect. If I brought home a B, they acted like the world was going to end. What about your parents?

네. 원체 까다로우셨어요. 저희 부모님은
완벽하지 않으면 어떤 것도 받아들이시지 않으셨거든요.
제가 성적을 B로 받아 오면, 부모님은 세상이 끝나기라도
한 것처럼 행동하셨죠. 당신의 부모님은요?

I can relate. They were similar to your parents except they cared more about athletics than academics.

저도 그래요.(공감해요.) 저희 부모님도 학업보다 운동을
더욱 중요시했던 점만 빼면 비슷해요.

I guess that's made us the overachievers we are today, huh?

그래서 지금의 우리가 성취도가 너무 높은 것 같아요, 그렇죠?

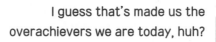

demanding 까다로운   care 상관하다, 관심을 가지다   overachiever 기대 이상의 성공을 거두는 사람
(스트레스를 많이 받고 스스로 힘들게 하는 부정적인 면도 있음)

You're preaching to the choir.

두말하면 잔소리지요.

preach(설교하다)와 the choir(성가대)가 함께 쓰인 표현으로 이미 신앙이 강한 성가대에게 목사가 계속적으로 설교를 하는 장면을 떠올릴 수 있는데요. 이처럼 preach to the choir은 상대방이 이미 동일한 의견을 가진 사람들을 설득하려 할 때 쓸 수 있는 표현이에요. 또는 상대방이 하는 말이 너무 당연하다고 생각이 들 때, 너무 뻔한 말을 한다고 느낄 때도 쓸 수 있는 유용한 표현이에요.

⭐

+ We're on the same page.

우리 생각이 같아요.(마음이 통했어요.)

→ 비즈니스 상황에서 잘 쓰이는 유용한 표현으로 둘 이상의 사람이 같은 방식으로 생각하거나 달성하고자 하는 목적에 서로 동의할 때 유용하게 쓸 수 있는 표현이에요.

+ We're on the same wavelength.

우리 마음이 통했어요.(호흡이 잘 맞아요.)

→ 이 표현은 일상에서 캐주얼하게 쓸 수 있는 표현이며, 조금 더 격식적으로는 'We're of like mind.' 또는 'We're of the same mind.'로 표현할 수 있어요.

Did you hear that Ryan
was chosen again this year?
That makes something like...
the fourth year in a row, right?
It's completely unfair that
he was chosen again this year.

Ryan이 올해도 뽑혔다는 소식 들었어요?
그게... 4년 연속인 거죠, 그렇죠?
Ryan이 올해도 뽑힌 건 정말 불공평해요.

You're preaching to the choir.

두말하면 잔소리죠.

I'm glad to hear at least
you and I are on the same page.

적어도 당신과 제가 같은 생각을 하고 있다는
말을 들으니 기쁘네요.

Yeah. But let's face it.
Even if we file a complaint,
nothing will come of it.

그러네요. 인정하자고요.
우리가 불평해도 아무 소용 없어요.

---

in a row 연이어, 잇달아   at least 적어도, 최소한   face 직면하다, 직시하다   file a complaint 불만
을 제기하다, 항의를 제기하다   come of ~의 결과이다, ~이 원인이다

Lesson

08

What to say when...

you can't relate

공감이 잘되지 않을 때

That must be hard on

원어민 게이지 **50%** ✈

That must be hard on you.

힘드시겠어요.(당신에겐 힘들었겠어요.)

원어민 게이지 **80%** ✈

It's hard for me to relate.

저는 공감하기가 쉽지 않네요.

원어민 게이지 **100%** ✈

It's hard to put myself in his shoes.

그 사람의 입장이 되어 보는 건 어렵죠.

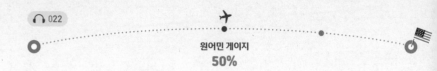
That must be hard on you.

힘드시겠어요.
(당신에겐 힘들었겠어요.)

상대방의 상황이나 입장을 완전히 이해하거나 공감하기는 어렵지만 동조적인 말을 하고 싶을 때 미국 사람들은 위의 표현을 많이 써요. 여기에서 must는 '틀림없이 ~할 것이다'라는 추측성 의미를 나타내며, be hard on/for+사람은 '~에게 힘들다'라는 뜻의 표현으로 활용됩니다.

★

+ I hear what you're saying.

당신의 심정 이해해요.(당신이 무슨 말을 하는지 알겠어요.)

→ 동조를 나타내는 표현이지만 공감하려 해도 실제로는 다 이해하지 못하는 경우에 쓰거나 또는 반대 의견을 내기 전에 상대방 입장을 고려하고 배려하는 차원에서 말문을 여는 멘트로 많이 쓰여요.

+ I can only imagine what that's like.

당신이 어떤 상황(감정/느낌)인지 겨우 짐작밖에 할 수 없네요.

→ 상대방의 상황을 완전히 공감하기는 어렵지만 공감하려고 애쓸 때 I can only imagine ~(겨우 상상할 수 있을 뿐이다. 짐작밖에 안 가다)를 많이 써요.

Why did you fight?
You two used to be close.

왜 싸웠어?
둘이 엄청 친했잖아.

She borrowed $5
and never paid it back.

걔가 5달러 빌려 놓고 안 갚았다고.

This situation must be hard on you.
I hear what you're saying,
but did you ask her for it back?

이 상황이 너에겐 힘들었겠구나.
네 심정 이해하는데,
돌려달라고는 했어?

Well, no. She should know
to give it back!
I'm not her mom.

그게, 아니. (그렇지만 말을 안 해도)
돌려줘야 하는 건 알아야지!
내가 걔 엄마는 아니잖아.

....

used to ~하곤 했다, 예전에는(과거 한때는) ~했다

75

It's hard for me to relate.

저는 공감하기가 쉽지 않네요.

앞서 '이해하다/공감하다'라는 뜻의 표현으로 relate to를 배웠는데요. 반대로 상대방의 입장이나 처지가 공감되지 않을 땐 can't relate to(공감하지 못하다)를 떠올리기 쉽지만, 이는 상대방에게 직설적인 어감으로 표현되기 때문에 'It's hard for me to relate.'로 표현하는 것을 추천해요. '내가 공감하는 데 어려움을 느낀다'고 말하는 것이기 때문에 상대방에게 훨씬 더 부드러운 어감으로 전달되거든요.

★

+ I don't identify with her.
저는 그 사람에게 동질감을 느끼지 않아요/공감이 안 돼요.

→ 여기에 really를 덧붙여 'I don't really identify with her.(저는 그 사람에게 별로 동질감을 느끼지 않아요. / 그다지 공감이 안 돼요.)'와 같이 말하면 덜 직설적이어서 부드럽게 전달될 수 있어요.

+ We don't speak the same language.
우린 말이 안 통해요.

→ 여기에 exactly를 붙여 'We don't exactly speak the same language.(우린 말이 그다지 통하는 건 아니에요.)'라고 말하면 더욱 부드러운 느낌을 줄 수 있어요.

**Did you ever end up listening
to that podcast I recommended?**

내가 추천했던 팟캐스트는 들어 볼 순 있었어?

**Oh, yeah.
I did finally listen to it.**

아, 응. 드디어 들었네.

**Really? What did you think?
I thought his story was so inspiring.
The fact that he somehow supported
his family while getting a degree
really made me think I need to get
my own priorities straight.**

정말? 넌 어땠어?
난 그 사람 이야기가 굉장히 고무적이라고 생각했거든.
학위를 취득하는 동안에 어떻게든 가족을 부양했다는 사실이
내 우선순위를 분명히 해야겠다고 생각하게 만들어서 말이야.

**It was a good story.
I don't know.**
It was just hard for me to relate.

미담이었지. (근데) 난 잘 모르겠더라고.
그냥 공감하기가 쉽지는 않았어.

....

end up 결국 ~하게 되다   somehow 어떻게든   get something straight 분명히 하다, 밝히다

It's hard to put myself in his shoes.

그 사람의 입장이 되어 보는 건 어렵죠.

이 표현은 누군가의 입장에 대해 공감하기 어려울 때 자주 쓰는 표현이에요. put oneself in one's shoes를 직역하면 '누군가의 신발을 신다'인데 즉 '누군가의 입장이 되어보다, 입장을 바꿔 생각해 보다'라는 표현으로 쓰여요. 한국어로는 '역지사지'를 떠올릴 수 있는데, 상대방의 입장을 이해하고 공감하려고 노력하는 것을 의미해요. 위의 표현에 쓰인 it's hard to는 I can't로 표현하는 것보다 부드러운 어감을 나타낸다는 점도 기억해 두세요!

★

+ **I'm not in tune with her.**

전 그 사람과 마음이 맞지 않아요.

→ be not in tune with는 '동의하지 않거나 공감하지 않는다'는 뜻을 나타내요. 따라서 'A is not in tune with B else.'는 'A는 B와 마음이 맞지 않다'라는 뜻으로 통합니다.

+ **It didn't strike a chord with me.**

그게 제 심금을 울리지는 않았어요.(제 마음을 움직이지는 못했어요.)

→ strike/touch a chord with A는 'A의 심금을 울리다 / A의 마음에 감동을 일으키다 / A의 마음을 움직이다'라는 뜻을 나타내요.

I really feel for Patricia.
I can't believe she got fired.

Patricia가 정말 불쌍하네요.
(Patricia가) 해고를 당하다니 믿을 수가 없어요.

It's hard for me to put myself in her shoes.
She did show up to work late
almost every day.

전 그녀 입장에서 생각해 보려 해도 안 되더라고요.
거의 매일 늦게 출근했잖아요.

I'm sure she had her reasons.
She is a single mom, after all.

분명 이유가 있었을 거예요.
Patricia는 어쨌든 싱글맘이거든요.

That's what I mean. I know
a little bit about her circumstances,
but I still don't think it completely excuses
her from following the rules
we all have to follow.

제 말이 그 말이에요.
제가 Patricia의 사정을 좀 알고는 있지만
저는 그게 우리 모두가 지켜야 하는 규칙을
지키지 않는 것에 대한 완전한 변명이
되지는 않는다고 보거든요.

---

feel for 불쌍히 여기다, 동정하다   excuse 변명하다, 변명이 되어 주다, 이유가 되다, 용서하다

Lesson

09

What to say when...

you talk about your priorities

우선순위에 대해 이야기할 때

I make it a point to make my bed as soon as I wake up.

저는 일어나자마자 늘 침대를 정리해요.

My work comes first.

일이 우선이에요.

I need to get my priorities straight.

제 우선순위를 정해야겠어요.

I make it a point to make my bed as soon as I wake up.

저는 일어나자마자 늘 침대를 정리해요.

이 표현은 자신에게 중요한 행동이나 활동이 무엇인지 말하고자 할 때 유용하게 쓸 수 있어요. 이렇게 중요시하는 활동이 최종적인 목표는 아니며, 자신의 삶을 향상시키거나 자신이 어떻게 해서든 더 큰 목표에 도달할 수 있도록 돕는 활동으로서 우선시한다는 걸 의미해요.

⭐

+ **I make it a rule to** drink only one cup of coffee.

저는 하루에 커피 한 잔만 마시기로 하고 있어요.

→ make it a rule to ~ ~하는 것을 규칙으로 삼다

+ **I make it my business to** help the homeless in this city.

저는 이 도시의 노숙자들을 돕는 걸 제 일로 삼고 있어요.

→ make it one's business to ~ ~하는 것을 ~(누구)의 일로 삼다

Another salad for lunch today?
I wish I had the resolve that you do.

오늘 점심도 샐러드를 드시네요?
저도 (당신처럼) 의지가 있으면 좋겠어요.

Gotta get in my fruits and
veggies. I make it a point to eat
the recommended 5 servings a day.

과일과 야채를 먹어야 해요. 저는 하루 권장량인
5인분 섭취량을 먹고 있어요.

Meanwhile,
here I am with my hamburger.
It's just so hard to pack a lunch
in the morning and the only places
around here are fast food restaurants.

그 와중에도, 저는 햄버거를 먹네요.
일단 아침에 도시락 싸는 게 너무 힘들기도 하고요,
이 근처에는 패스트푸드점밖에 없어서요.

You should try packing a lunch
the night before. That's what I do.

전날 밤에 한번 도시락을 싸 보세요.
저는 그렇게 하거든요.

---

resolve 결심, 결의, 의지　　gotta ~하지 않으면 안 된다, 해야 한다 (have got to와 동일한 의미로 일상 대화에
서 주어(I)를 생략하고 자주 쓰임)　　serving 1인분 ('규정된, 권고된'이라는 뜻의 recommended 앞에 붙여 스
스로에게 적합한 양의 끼니를 나타냄)　　pack a lunch 도시락을 싸다

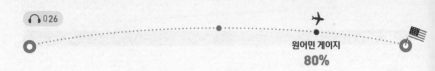
My work comes first.

일이 우선이에요.

경주·선발 대회 등에서 '1등을 하다(come first)'라는 말을 들어봤을 거예요. 여기에서 파생되어 자신의 고려 사항에서 1순위라는 뉘앙스로 A comes first의 형태로 쓰이면 'A가 최우선 고려 사항이다, A가 우선이다'라는 의미를 나타내요.

⭐

+ ## Health **takes priority over** everything.

건강이 모든 것보다 우선이에요.

→ take priority over ~에 대해 우선권을 갖다, ~에 우선하다, ~보다 더 중요하다

+ ## Making music **means everything to me.**

음악 작업하는 것은 저에게 전부예요.

→ 사람을 주어로 써서 'You mean everything to me.(당신은 제게 전부예요.)'와 같이 표현할 수도 있으며, 동사 mean 자리에 be동사를 넣어 말해도 동일한 뜻으로 소통됩니다.

Oh no! My best sweater has a hole in it. Now what am I supposed to wear to work?

오, 안돼! 내가 가장 좋아하는 스웨터에 구멍이 났어요.
이제 출근할 때 뭘 입어야 하지?(혼잣말)

You should get yourself a new one. It's been a while since you've treated yourself to any new clothes.

새 옷 한 벌 사면 되잖아요.
새 옷 산 지도 꽤 되었어요.

That's because we're saving up to be able to send Billy to summer camp. The kids come first. If that means I have to wear a sweater with a hole in it, so be it.

그게 Billy를 여름 캠프에 보내려고 돈을 모으고 있어서 그랬죠.
애들이 먼저예요. 구멍 뚫린 스웨터를
입어야 한다면 그렇게 하죠, 모.

Don't be silly. We can afford a new sweater and space came for Billy.

바보 같은 소리 말아요. 우린 새 스웨터도 살 수 있고
Billy도 여름 캠프에 보낼 형편이 된다고요.

---

be supposed to ~하기로 되어 있다, ~해야만 한다   save up (돈을) 모으다   silly 어리석은, 바보 같은
afford ~할 여유(형편)이 되다

I need to get my priorities straight.

제 우선순위를 정해야겠어요.

get one's priorities straight/right는 '우선순위를 (분명히/똑바로) 정하다'라는 뜻을 나타내요. 이전에 신경 쓰지 못했던 부분에 에너지와 주의를 집중하기 시작하는 뉘앙스를 나타내요. 예를 들어 현재는 일에 너무 집중하고 있어서 가족에 집중할 수 있도록 '우선순위를 (재)정립하거나 우선순위를 제대로 정한다(바로잡다)'고 말할 때 쓸 수 있는 표현이에요.

★

+ **It's time that I set my priorities.**

제가 우선순위를 정해야 할 때예요.

→ set one's priorities(우선순위를 정하다)는 동사 get을 쓸 때와 달리 우선순위를 아직 정하지 않은 상태에서 처음 우선순위를 정할 때 사용할 수 있는 표현이에요.

+ **I need to focus on what really matters.**

정말 중요한 것에 집중해야겠어요.

→ focus on what really matters 중요한 일에 집중하다

I know you got back from vacation last week
and I don't want you to take this the wrong way,
but don't you think it's time to get
your priorities straight? Our project
is due next week.

당신이 지난주에 휴가에서 돌아왔다는 것도 아는데요,
이 말은 오해하지 않으면 좋겠어요. 지금 당신이
우선순위를 분명히 해야 할 때라고 생각하지 않아요?
우리가 맡고 있는 프로젝트가 다음주까지예요.

Sorry. I've been a little distracted, haven't I?
You're right. It's time for me to focus on
what matters right now,
which is our project.

미안해요. 제가 좀 정신이 없었네요, 그렇죠?
당신 말이 맞아요. 지금 당장 중요한
우리 프로젝트에 집중해야 할 때죠.

That's what I wanted to hear.
Let's give our all for this one.

제가 듣고 싶었던 말이에요.
이번 일에 전력을 다해서 해 보자고요.

Let's do it.

그렇게 하죠.

distracted (정신이) 산만해진, 집중이 안 되는   focus on ~에 주력하다, 초점을 맞추다

Lesson

10

What to say when...

you are satisfied

만족스러울 때

I was pleased with **the trip overall.**

저는 그 여행이 전반적으로 만족스러웠어요.

I was blown away by **your new book.**

당신의 새 책에 깊은 감명을 받았어요.

That cheesecake really hit **the spot.**

그 치즈케이크는 정말 최고였어요.

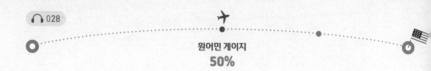
I was pleased with the trip overall.

저는 그 여행이 전반적으로 만족스러웠어요.

be pleased with(~에 만족하다)는 어떤 대상이 만족스러울 때 사용해요. be happy with보다 조금 더 격식을 차리는 표현이지요. be동사 대신 feel을 쓸 수도 있어요. 여기에서 조심해야 하는 것은 무엇 때문에 기쁜 것인지를 말할 때 쓸 수 있는 be pleased by (~에 기쁘다)와 혼동하지 않는 거예요.

★

+ **I'm satisfied with** the used car I bought.

제가 산 중고차에 만족해요.

→ be satisfied with(~에 만족하다)는 '무엇인가를 (마무리)해서 만족하다'라는 뉘앙스를 나타내요.

+ **I'm content with** what I have.

제가 가진 것에 만족해요.

→ be content with(~에 만족하다)는 '어떤 상황에 만족하다'라는 뉘앙스로 현실적으로는 최고의 상황이 아니더라도 받아들이기에 따라 만족할 수 있음을 내포하고 있어요.

Hey, Bill. I wanted to ask you about the catering company you used for your wedding last year. Melissa and I were thinking of using the same company since the food was so good.

Bill, 안녕하세요. 작년 결혼식에 이용했던 케이터링 업체에 관해 물어 보고 싶었어요. 음식이 너무 맛있어서 Melissa랑 저도 같은 업체를 이용할까 생각 중이었거든요.

Oh yeah? I'm glad to hear you liked the food so much. I don't remember the name of the company off the top of my head, but I'll check and get back to you.

오 그래요? 음식이 맛있었다니 다행이에요. 업체 이름이 당장은 생각이 안 나서 확인하고 알려 드릴게요.

Thanks. I'd really appreciate that.

감사합니다. 그렇게 해 주시면 정말 감사하죠.

If you choose them, you won't be disappointed. We were really pleased with their service.

그 업체를 이용하면 실망하진 않을 거예요. 저희도 거기 서비스에 정말 만족했거든요.

catering (행사·연회 등을 대상으로 하는) 음식 공급, 음식 공급업   off the top of one's head 지금 떠오르는 생각으로는   disappointed 실망한, 낙담한

I was blown away by your new book.

당신의 새 책에 깊은 감명을 받았어요.

be blown away by는 매우 깊은 인상을 받거나 기분 좋게 놀란 상태를 말하는 비격식적인 표현이에요. 문맥에 따라 '깊은 인상을 받다, 감탄하다, 놀라다, 감동을 받다'와 같이 해석할 수 있어요. 뒤에 by+명사를 붙여 감명받게 된 대상을 밝힐 수도 있으며, blow somebody away(누군가를 놀라게 하다)와 같이 능동태로도 표현할 수도 있어요.

→ Your new book blew me away.(당신의 새 책은 절 놀라게 했어요. / 당신의 새 책을 감명 깊게 봤어요.)

⭐

+ ## The concert blew my mind.
그 콘서트는 굉장했어요.

  → blow one's mind는 '누군가의 마음을 사로잡다'라는 기본적인 의미에서부터 문맥에 따라 '멋지다, 굉장하다, 감동시키다'와 같이 해석할 수 있으며 우리 말로는 '끝내준다'와 같은 뉘앙스를 나타내요.

+ ## Your performance knocked my socks off.
당신의 연기는 정말 감동적이었어요.

  → knock one's socks off(~을 깜짝 놀라게 하다, 감동을 주다)는 누군가를 좋은 뜻으로 놀라게 하는 긍정적인 의미로 '~를 감동시키다, 큰 영향력을 미치다'와 같이 해석할 수 있어요.

Wow! I didn't know you were
such a good dancer.
You completely owned the stage.

와! 네가 그렇게 춤을 잘 추는지 몰랐어.
네가 무대를 완전히 장악했어.

Thanks. That's so sweet of you.
And thanks also for coming.

고마워. 넌 정말 다정해.
그리고 와 줘서 고마워.

Thank you for inviting me!
I'm serious. I was completely
blown away by your performance.
You better invite me to the next one too.

초대해 줘서 내가 고맙지! 정말이야.
나 네 춤에 완전히 매료됐잖아.
다음에도 꼭 초대해 줘.

That's so nice to hear.
Thanks so much.
You'll be the first one to hear about it.

다행이다. 정말 고마워.
다음 공연이 생기면 너한테 가장 먼저 말할게.

....

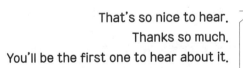

I'm serious. 진짜야. / 진심이야.

That cheesecake really hit the spot.

그 치즈케이크는 정말 최고였어요.

hit the spot(딱 그것이다)는 자신이 원하는 바를 그대로 적중했을 때 쓸 수 있는 표현이에요. 필요한 바를 충족하게 되어 만족스러울 때 쓸 수 있는 표현이죠. 주로 음식을 두고 말할 때 흔히 사용해요. 친한 사람과 대화할 때 캐주얼하게 사용해 보세요!

⋯⋯⋯⋯⋯⋯⋯⋯⋯⋯ ★ ⋯⋯⋯⋯⋯⋯⋯⋯⋯⋯

+ **That nap was just what the doctor ordered.**

제가 산 중고차에 만족해요.

→ just what the doctor ordered는 '정확히 필요한 그대로'라는 뜻으로 한국어로는 '더할 나위 없다'라는 뉘앙스의 표현으로 쓸 수 있어요.

+ **Give me a boss who respects me and listens to what I have to say and I'm a happy camper.**

저를 존중하고 제 말을 잘 들어 주는 상사가 있다면 전 아주 행복한 사람이에요.

→ 문장 앞에 If you가 생략된 캐주얼한 구어체 스타일이에요. a happy camper은 '기분이 아주 좋은 사람'이란 뜻으로 어떤 상황에 굉장히 만족하고 행복을 느끼는 사람을 일컫는 말로 재미있고 캐주얼하게 쓸 수 있는 표현이에요.

That pizza really hit the spot.

That was a good call to go out for pizza.

그 피자 정말 최고였어.
피자를 먹으러 간 건 좋은 결정이었어.

Yeah. I was craving pizza. That is
my favorite spot. I swear I go there
like once a week. You saw how the
waitress recognized me, right?

맞아. 피자가 너무 먹고 싶었거든.
그곳이 내가 제일 좋아하는 곳이야.
일주일에 한 번은 꼭 가거든.
직원이 나 알아보는 거 봤지?

Yeah. I don't blame you!
That was some good pizza.

응. 그럴 만도 해!
정말 맛있는 피자였어.

I should start earning commission.
I've brought so many friends
to that place. It's such a hidden gem.

나 수수료 받든가 해야 되겠어.
내가 정말 많은 친구들을 거기로 데려갔거든.
숨은 맛집이지.

---

crave (특정 음식이) 먹고 싶다, 당기다   recognize (누구인지) 알아보다   I don't blame you! 그럴 수
있지. / 이해해. / 무리가 아니야!   hidden gem 사람들이 잘 모르는 명소, 숨은 명소

01 That's _____ me.

금시초문이에요.

02 I'm _____ the latest developments.

최신 동향은 잘 몰라요.

03 My English _____, so I need to _____ it.

영어 실력이 녹슬어서 다시 공부해야 해요.

04 I understand _____.

무슨 말인지 알아요.

05 I _____ what you're saying.

무슨 말인지 이해가 돼요.

06 You're _____ the choir.

두말하면 잔소리죠.

07 That must be _____.

힘드시겠어요. (당신에겐 힘들었겠겠어요.)

08 It's hard to _____.

그의 입장이 되어 보는 건 어렵죠.

09 I _____ make my bed as soon as I wake up.

저는 일어나자마자 늘 침대를 정리해요.

10 My work _____ .

일이 우선이에요.

11 I need to _____ .

제 우선순위를 정해야겠어요.

12 I _____ the trip overall.

저는 그 여행이 전반적으로 만족스러웠어요.

13 I _____ your new book.

당신의 새 책에 깊은 감명을 받았어요.

14 That cheesecake really _____ .

그 치즈케이크는 정말 최고였어요.

★

01 news to **02** out of touch with **03** got rusty, brush up on **04** where you're coming from
05 can relate to **06** preaching to **07** hard on you **08** put myself in his shoes
09 make it a point to **10** comes first **11** get my priorities straight **12** was pleased with
13 was blown away by **14** hit the spot

Lesson
11 - 15

What to say when...

Lesson

11

What to say when...

you are dissatisfied

만족스럽지 않을 때

I am disappointed by **your poor attitude.**

당신의 안 좋은 태도에 실망했어요.

The trip fell short of expectations.

그 여행은 기대에 못 미쳤어요.

I am fed up with **him.**

그 사람에게 질렸어요.

✈

원어민 게이지
50%

I am disappointed by your poor attitude.

당신의 안 좋은 태도에 실망했어요.

be/feel disappointed(실망하다) 뒤에는 여러 전치사가 올 수 있어요. 가장 흔히 쓰는 전치사로 by, in, with가 있는데요. 어떤 상황이나 누군가의 행동에 만족하지 못했다면 by 를 쓸 수 있으며, 마음이 상했을 때는 in을 쓸 수 있어요. 그리고 어떤 물건이나 상황, 경험에 마음이 흡족하지 못했다면 with를 써서 표현해요.

→ I am disappointed in you. (당신에게 실망했어요.)

→ I feel disappointed with my high school years. (고등학교 시절이 너무 아쉬워요.)

⭐

+ **I'm unsatisfied with where I'm at in my life.**

제 삶의 현재 모습에 만족스럽지 못해요.

→ be unsatisfied with ~(사물·사람)에 만족하지 못하다/못마땅하다/ 불만스럽다

+ **I feel discontented with my work.**

제 일에 불만이 있어요.

→ feel discontented with ~에 불평을 느끼다, ~에 불만을 품다

I'm disappointed by your performance, Beth. I trained you myself and I know you can do better than this.

Beth, 이번 성과에 실망했어요. 내가 직접 가르쳤기 때문에 이것보다 더 잘할 수 있다는 걸 알아요.

I apologize. I've been off my game the last week. Honestly, I've got some things I'm dealing with at home which are taking most of my focus. I won't let it happen again.

죄송합니다. 지난 주에 컨디션이 좋지 않았거든요. 사실, 집에 처리해야 할 일이 좀 있어서 신경을 빼앗겼어요. 다시는 그런 일 없을 겁니다.

I'm glad to hear you're taking this seriously. I'd rather you take some time off to deal with what you need to deal with if you need it. That way you can come into work focused and ready.

진지하게 받아들이니 다행이네요. 필요하면 휴가를 써서 해결해야 할 일을 처리하는게 낫겠군요. 그래야 출근해서 일에 집중할 수 있을 것 같은데요.

Thanks. I'll keep that in mind.

감사합니다. 명심하겠습니다.

---

be off one's game 컨디션이 좋지 않다, 정세가 불리하다   deal with (문제, 과제 등을) 처리하다
take+기간+off 휴가를 내다

The trip fell short of expectations.

그 여행은 기대에 못 미쳤어요.

fall short of (one's) expectations와 함께 fail to meet (one's) expectations는 '(누군가의) 기대에 어긋나다'라는 의미를 지니고 있어요. 참고로 meet (one's) expectations는 '(누군가의) 기대에 미치다'를, go beyond (one's) expectations는 '(누군가의) 예상을 뛰어넘다'라는 의미를 나타내니 함께 익혀 두면 유용하게 쓸 수 있어요.

★

+ **The ending was a letdown.**

그 결말은 실망이었어요.

→ letdown(기대 이하, 실망)을 써서 기대에 미치지 못하는 결말에 대한 실망감, 허탈감, 아쉬움을 표현하고 있어요.

+ **The sequel left me wanting more.**

속편은 좋았지만 좀 부족했어요.

→ leave somebody wanting more은 '좋긴 한데 무언가 아쉬움이 남는다'라는 뉘앙스의 표현이에요. 비즈니스와 엔터테인먼트(show business) 분야에 이를 활용한 유명한 인용문이 있어요. (e.g. Always leave them wanting more. 항상 사람들이 더 많은 걸 원하도록 하라.)

How was the music festival?
I heard it was really hot last weekend.

음악 축제는 어땠어요?
지난 주말에 날씨가 정말 더웠다고 들었어요.

It was scorching!
I almost got heatstroke.
Besides that, the festival also
fell short of my expectations.

엄청 뜨거웠어요! 일사병 걸리는 줄 알았다니까요.
거기에다, 축제도 기대에 못 미쳤어요.

Wow! I'm glad you're okay.
Were the bands not very good?

어머! (뜨거운 날씨에) 무사해서 다행이에요.
밴드가 별로였어요?

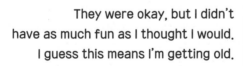

They were okay, but I didn't
have as much fun as I thought I would.
I guess this means I'm getting old.

괜찮기는 했는데, 제가 생각한 것만큼
재미있지는 않았어요. 제 나이가
들어간다는 뜻인가 봐요.

....

scorching 모든 걸 태워 버릴 듯이 더운, 맹렬한   heatstroke 일사병

I am fed up with him.

그 사람에게 질렸어요.

be fed up with(~에 진저리가 나다)는 무언가 또는 누군가가 계속 실망시키고 화나게 해서 이제는 '지긋지긋하다'라는 뉘앙스를 나타내요. 이 표현을 쓸 땐 아예 관계를 끊거나 그러한 상황에서 벗어날 준비가 되었다는 뉘앙스를 줘요. 부정적인 의미가 강하기 때문에 신중하게 쓰는 게 좋아요.

⭐

+ **I am done with all the lies.**

거짓말은 이제 지긋지긋해요.

→ done with을 직역하면 '~와 끝났다/끝이다'인데, 특정 일(행동)이 너무 오랫동안 지속되었을 때 '~라면 이제 지겹다'라는 뉘앙스로 쓸 수 있어요.

+ **I am over the whole thing.**

그 상황은 신경 안 써요.

→ be over(신경 쓰지 않다, (사람을) 잊다, 정리하다)은 특히 불만족스럽거나 화가 날 때 쓰는 표현이에요. 이 뒤에 사람을 붙여서 'I'm over him.(그 사람 잊었어요/정리했어요.)'과 같이 표현할 수 있는데, 특히 연인과 헤어질 때 많이 써요.

Ugh.
I'm totally fed up with Michael.
I am done with his passive aggressive attitude.

어유. Michael한테 완전 질렸어.
은근히 공격적인 태도는 이제 지긋지긋해.

Did you two get in another fight?

둘이 또 싸웠어?

When are we not fighting?
That's my question.
He asked me if I grew up
in a barn when I didn't do
the dishes right away.

우리가 언제는 안 싸우니? 그게 의문이네.
Michael이 (글쎄) 내가 설거지를 바로 안 했더니
나보고 헛간에서 자랐냐고 물었다니까.

Wow. Really?
That's completely uncalled for.

으악, 진짜야?
그 말은 완전 심한데.

---

passive aggressive 수동적 공격 성향의 (은근히 공격적인)   get in a fight 싸우다
grow up 성장하다, 자라다   uncalled for 좀 과한, 부적절한, 심한

Lesson
12
What to say when...

you talk about your impression

받은 인상에 대해 말할 때

I get the impression that you're not interested in what I'm saying.

제가 말하는 것에 관심이 없으시다는 느낌이 들어요.

He made a favorable impression on me.

그 사람은 제게 호의적인 인상을 줬어요.

I was under the impression that we were friends.

우리가 친구라고 믿고 있었는데 아니었네요.

I get the impression that you're not interested in what I'm saying.

제가 말하는 것에 관심이 없으시다는 느낌이 들어요.

impression은 '인상/느낌, 감명/감동'을 뜻하며 get the impression (that)과 같이 쓰일 땐 '~하다는 인상/느낌을 받다'라는 뜻을 나타내요. 덧붙여 어떤 인상을 받았고 아직 그렇게 느끼고 있다는 걸 강조하고 싶을 땐 get(~하다는 인상을 받게 되다) 대신 have (~하다는 인상을 갖다)를 써서 표현해요.

⭐

+ **I'm getting the idea that** you don't trust me.

당신은 저를 믿지 않는다는 생각이 드네요.

+ **My first impression of** him was positive.

그 사람에 대한 제 첫인상은 긍정적이었어요.

→ of 뒤에 사람이 아닌 사물이 올 수 있으며, positive가 쓰인 형용사 자리에 that절이 쓰일 수도 있어요.(e.g. My first impression of her was that she is young and talented. 그녀에 대한 제 첫인상은 그녀가 젊고 재능이 있다는 거였어요.) 간단하게 'His first impression was positive.(그의 첫인상은 긍정적이었어요.)'라고 표현한다면 누구에게 그런 인상을 줬는지 분명하지 않다는 점에서 차이가 있어요.

Are you listening to me?
You keep checking your phone
and I'm getting the impression
that you're not paying attention.

내 말 듣고 있어? 네가 계속 폰을 보니까
집중하지 않는 것 같은 느낌이 들어.

Yes. I'm listening.
Sorry, I just got an email from work.
It looks like it's urgent.
Can this wait a little?

응. 듣고 있어. 미안한데, 방금 회사에서
중요한 이메일을 받았는데 급한 일인 것 같아서.
좀 기다려 줄 수 있어?

Your work email can't wait 5 minutes?
We were in the middle of a conversation.

회사 이메일은 5분도 못 기다려?
우리는 한창 대화 중이었잖아.

I'm really sorry.
Just give me a couple minutes
and then I'll be all ears.

진짜 미안해.
몇 분만 시간을 주면 내가 진짜 잘 들을게.

---

in the middle of 도중에, 중간에   be all ears 온통 귀에 정신을 모으다, 열심히 귀를 기울이다

He made a favorable impression on me.

그 사람은 제게 호의적인 인상을 줬어요.

make an impression on은 '~에게 인상을 주다'라는 뜻의 표현이에요. 다양하게 형용사를 넣어 'make a (favorable, good, bad, strong) impression on(~에게 (호의적인, 좋은, 나쁜, 강한) 인상을 주다'와 같이 구체적인 인상을 말할 수 있어요.

⋯⋯⋯⋯⋯⋯⋯⋯⋯⋯⋯⋯⋯⋯⋯ ★ ⋯⋯⋯⋯⋯⋯⋯⋯⋯⋯⋯⋯⋯⋯⋯

+ **Your body language gave me the impression that you were nervous.**

당신의 바디 랭귀지를 보고 긴장한 것 같다는 인상을 받았어요.

+ **She started off on the wrong foot with me.**

그녀는 저와 처음부터 사이가 틀어졌어요.

→ start off on the right/wrong foot with는 '(관계, 일 등을) 순조롭게 시작하다(첫 단추를 잘 끼우다) / 시작부터 꼬이다(첫 단추를 잘못 끼우다)'라는 뜻을 나타내며, 주어에게 잘못이 있다는 뉘앙스를 나타내요. 반면 누구의 잘못인지 강조하지 않을 땐 start 대신 get을 써서 'We got off on the wrong foot.(우리는 처음부터 사이가 안 좋았어요.)'와 같이 말할 수 있어요.

**What do you think about
the new temp worker?**

새로 온 임시 직원은 어떤 것 같아요?

 She made a good first impression on me.
She seems bright and friendly.
What was your impression of her?

저한테는 좋은 첫인상을 줬어요.
밝고 친근해 보이더라고요.
(당신이 보기에는) 어땠어요?

I got the same impression that you did.
We met in the elevator on her first day
and she was the only one who tried
to hold the door open for me as it was closing.

저도 동일한 인상을 받았어요.
첫날에 엘리베이터에서 마주쳤는데 문이 닫힐 때
저를 위해서 문을 잡아 준 유일한 사람이었거든요.

That's good. It seems like
she's getting off on the right foot
with everyone in the office.

좋네요. 사무실의 모든 사람들과
시작이 좋은 것 같네요.

temp (worker) 임시 직원

I was under the impression that we were friends.

우리가 친구라고 믿고 있었는데 아니었네요.

be under the impression that의 형태로 쓰여 '~라고 알고 있었어, ~인줄 알았는데 (잘못 생각하고 있었어), ~라고 오해했어'라는 의미를 나타내요. 즉 that 뒤에 나온 내용을 사실과 다르게 잘못 생각하고 있었다는 걸 깨닫는 상황에서 자주 쓰는 표현이에요. 이 표현에서 impression 자리에 false/wrong impression(그릇된/잘못된 인상)을 넣어 말해도 동일한 의미를 나타내요.

★

+ **This headline creates the false impression that they committed a crime.**

이 헤드라인은 그 사람들이 범죄를 저질렀다는 잘못된 인상을 줘요.

→ create the false impression that ~라는 잘못된 인상을 주다

+ **It seems like I got the wrong idea.**

제가 오해한 것 같아요.

→ idea 대신에 impression을 써서 말해도 동일한 뜻을 나타내요. 반대로 '제 생각이 맞는 것 같아요'라고 말할 땐 wrong idea 자리에 right idea/impression을 써서 말하면 됩니다.

I can't believe Rebecca said those things about me behind my back.
I was under the impression that we were starting to become friends.

Rebecca가 내 뒤에서 나에 대해
그런 말을 했다니 믿을 수가 없어.
나는 친구가 되기 시작했다고 믿고 있었거든.

I can't say I'm surprised. With a track record like Rebecca's, it was bound to happen sooner or later.

예상 못한 일은 아니지.
Rebecca처럼 평이 안 좋으면,
언젠가는 일어날 일이었어.

What do you mean?

그게 무슨 말이야?

I mean that she is always gossiping. She can't seem to stop badmouthing everyone.

내 말은 Rebecca가 항상 남 얘기를 한다는 거야.
모든 사람들에 대해 안 좋게 얘기하는 걸
멈추지 못하는 것 같아.

. . . .

I can't say I'm surprised. 예상 못한 일은 아니야. / 놀랄 일은 아니야.   be bound to 반드시 ~하다, ~하기 마련이다   gossip 남 얘기를 하다, 험담하다   badmouth 좋지 않게 말하다, 흉을 보다

Lesson

13

What to say when...

you make a random guess
어림짐작할 때

원어민 게이지 **50%** ✈

If I had to take a guess, I'd say he's in his 40s.

짐작해 보건데, 그 사람은 40대인 것 같아요.

원어민 게이지 **80%** ✈

I can only guess at **what happened.**

무슨 일이 일어났는지 전 짐작만 할 뿐이에요.

원어민 게이지 **100%** ✈

I was way off base with my guess.

제 추측이 완전 빗나갔네요.(완전히 헛다리 짚었네요.)

If I had to take a guess, I'd say he's in his 40s.

짐작해 보건데, 그 사람은 40대인 것 같아요.

take a guess는 '추측해 보다, 어림짐작하다'라는 뜻을 나타내며 take 대신 have, make, give를 넣어 말할 수도 있어요. If I had to take a guess(굳이 추측해 보자면, 짐작해 보건대)는 충분한 정보가 없어도 추측하거나 짐작해서 말할 때 말문을 열기에 아주 유용한 표현이에요. 단독으로 'Take a guess.'라고 하면 '짐작해 봐. / 알아맞혀 봐.'라는 뜻으로 통해요.

⭐

+ **Off the top of my head, I think it's something like $100.**

지금 떠오르는 생각으로는, 100달러 정도인 것 같아요.

→ off the top of one's head (깊이 생각하거나 사실을 확인하지 않고) 당장 머리에 떠오르는, (기억나는) 대로

+ **Your guess is as good as mine.**

나도 모르기는 마찬가지야.

→ as good as ~나 다름없는/마찬가지인

Any plans for the 4th of July?
I heard the weather is supposed
to be really nice.

7월 4일(미국 독립기념일)에 무슨 계획 있어요?
날씨가 정말 좋을 거라고 들었어요.

I'll probably just putz
around the house.

그냥 집에서 빈둥거릴까 봐요.

You should come to my barbeque!
I'm going to have it out at the lake.

저 바비큐 할 건데 오세요!
호수로 가서 하려고요.

I don't know.
If I had to take a guess,
the lake will be really crowded
and I'm not really big on crowds.

글쎄요. 짐작해 보건대,
호수가 정말 붐빌 것 같아서요,
전 사람들 많은 곳은 별로 좋아하지 않거든요.

---

putz around 빈둥거리다   be big on 정말 좋아하다   be crowded 붐비다, 혼잡하다
crowd 사람들, 군중, 무리

I can only guess at what happened.

무슨 일이 일어났는지 전 짐작만 할 뿐이에요.

위 표현의 핵심은 바로 guess at(짐작하다)이에요. 정보가 없이 막연하게 추측할 때 쓰는 표현으로, 동사 guess(추측하다)와는 구별해서 사용해요. have/make a guess at (~에 대해 짐작하다)도 많이 쓰이는 표현이니 함께 익혀 두세요.

★

+ I'm **taking a shot in the dark** with this one.

막연한 추측이에요.

→ take a shot in the dark를 직역하면 '어둠 속에서 겨누다'인데, 이처럼 아무것도 보이지 않는 상태에서 표적을 어림짐작하여 겨누는 상황에 빗대어 '(그냥) 어림짐작하다, 막연하게 추측하다'와 같은 뜻을 나타내요.

+ This is **a wild guess.**

어림짐작하는 거예요.

→ a wild guess는 마구잡이식 생각으로 '근거 없는/엉뚱한 짐작 → 어림짐작'이란 뜻을 나타내며 wild 자리에 random을 써서 말해도 동일한 뜻을 나타내요.

Look at that sofa!
You said you wanted a sectional
sofa, right? Do you think
it will fit in your apartment?

저 소파 좀 봐!
섹셔널 소파 갖고 싶다고 했지?
저거 네 아파트에 (사이즈) 맞을 것 같아?

I don't know the exact
measurements yet.
It looks really comfy, though.

아직 정확한 치수는 몰라.
근데 진짜 편해 보인다.

Just try guessing
at the measurements.
I'm sure you'll be close enough.

치수를 그냥 어림잡아 봐.
충분히 비슷할 걸.

I don't want to risk buying the wrong
size and then having to return it.

사이즈가 안 맞아서 반품해야 하는
위험을 감수하고 싶진 않아.

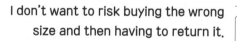

sectional sofa 섹셔널 소파 (여러 개를 자유롭게 배치할 수 있도록 구성된 소파)   comfy 편안한
measurement 치수, 측정

121

I was way off base with my guess.

제 추측이 완전 빗나갔네요.
(완전히 헛다리 짚었네요.)

base는 '토대, 기반, 밑받침'이란 뜻으로 be off base와 같이 쓰일 땐 '완전히 빗나갔다, 완전히 틀렸다, 잘못 짚었다, 헛다리 짚었다'와 같은 뜻을 나타내요. 여기에 강조의 의미를 더하는 부사 way(훨씬)를 추가해 be way off base로 쓴다면 '말도 안 되는 소리다, 어림 없다, 틀려도 한참 틀렸다, 잘못 짚어도 한참 잘못 짚었다, 완전히 착각하고 있다'와 같은 뜻으로 해석이 됩니다. 캐주얼하게 자주 쓰이는 표현이니 잘 익혀 두세요.

⭐

+ **I was wildly mistaken** when I guessed at his profession.

  그 사람 직업을 짐작하고 크게 착각했어요.

  → be wildly mistaken 크게 잘못 알고 있다, 크게 착각하다

+ **I was dead wrong** about them.

  저는 그 사람들에 대해 완전히 잘못 알고 있었어요.

  → be dead wrong 완전히 틀리다

Wow. I just realized the entire premise of my argument was completely off base. **Why didn't anyone set me straight?**

어머. 방금 내 주장의 전제가
완전히 빗나갔다는 걸 깨달았어.
왜 아무도 정정해 주지 않았지?

Let's just say you expressed your opinion very strongly. It seemed like you were determined to stick to your guns.

그냥 네가 의견을 굉장히 강하게 표현했다고 해 두자.
네가 마음을 절대 바꾸지 않을 것처럼 보였어.

Really? I didn't know I came off like such a jerk.

진짜? 내가 그렇게 멍청하게 굴 줄 몰랐어.

It's no big deal. We all have our moments.

별 거 아닌데 뭘.
우리 모두 그럴 때가 있잖아.

---

premise (주장의) 전제   stick to one's guns 자기의 입장을 고수하다, 자기의 의견을 굽히지 않다
come off like ~처럼 보이다   have one's moments 그럴 때도 있다

Lesson

14

What to say when...

you make an educated guess

경험에서 우러나온 추측일 때

원어민 게이지 50% ✈

I don't know for sure, but I can make an educated guess.

확실치는 않지만, 아는 한에서 추측해 볼 수 있어요.

원어민 게이지 80% ✈

As far as I can tell, this won't be a problem.

제가 보기엔 이건 문제가 안 될 거예요.

원어민 게이지 100% ✈

You were right on the money.

당신이 맞았어요.

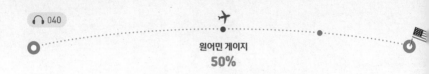
I don't know for sure, but I can make an educated guess.

확실치는 않지만, 아는 한에서 추측해 볼 수 있어요.

an educated guess는 '어느 정도 알고(지식을 갖고) 하는 추측, 경험에서 우러난 추측' 이란 뜻으로 확실하지는 않지만 나름대로의 사실이나 정보, 경험을 토대로 한 '합리적인 추측'을 일컬어요. educated 자리에 informed(잘 아는)를, make 자리에 take를 써서 말할 수도 있어요.

⭐

+ **I have a rough idea of** what to expect.

어떻게 될지 대강 짐작은 하고 있어요.

→ a rough idea of/about A는 대략적으로 파악하고 있을 때 사용할 수 있는 표현으로 'A에 대해 대강 짐작하다 / 대충 알다'와 같은 뜻을 나타내요.

+ **This is a ballpark estimate.**

이건 대략적으로 예상한 거예요.

→ a ballpark estimate 는 '거의 근접한 간격'이란 뜻으로 대략적으로 예상한 정도를 말할 때 쓸 수 있는 표현이에요. (e.g. Just a ballpark estimate/figure. 대략적으로 말해 줘.)

I'm going to order some pizzas.
How many do you think will be
enough to feed everyone?

피자를 주문하려고 하는데
몇 판이면 다들 충분할까?

I'll make an educated guess
and say 2 large pizzas. That way
everyone can have 2 or 3 slices.

경험상 추측해 보자면, 라지 2판.
그러면 모든 사람이 두세 조각씩 먹을 수 있어.

You're right.
That should be plenty.
I can always whip up some snacks
if people are still hungry.

맞아. 그거면 충분할 거야.
사람들이 그래도 배가 고프다고 하면
내가 간식을 금방 만들어 낼 수 있어.

Sounds like a plan.

좋은 생각이야.

---

plenty 풍부한, 충분한   whip up (식사 · 요리를) 잽싸게 만들어 내다

As far as I can tell, this won't be a problem.

제가 보기엔 이건 문제가 안 될 거예요.

as far as I can tell(내가 보기에는/내가 알고 있는 정보에 의하면 ~하다)은 as far as I know와 동일하게 쓰이는 표현으로 알고 있는 정보를 기반으로 자신의 생각과 의견이 반영되어 '(정보에 근거하여) 내가 판단하기에는 이렇다'라는 뜻으로 조심스럽게 의견을 말하는 뉘앙스를 나타내요. 반면 유사한 의미로 해석되는 the way I see it(내가 봤을 때는 ~하다)은 자신의 의견이 좀 더 강하게 반영된 뉘앙스를 나타냅니다.

⭐

+ **As far as I know, he won't attend today's meeting.**
내가 알기로는 그 사람은 오늘 회의에 참석하지 않을 거예요.

+ **To the best of my knowledge, she didn't do it on purpose.**
내가 아는 한 그녀는 일부러 그런 게 아니에요.

→ to the best of my knowledge는 '내가 알고 있는 한에서는'이란 뜻을 나타내요. 간단하게 to my knowledge만 써도 되지만 to the best of my knowledge가 즐겨 쓰여요.

**The traffic is bumper-to-bumper.
We're never going to make it on time.**

차가 너무 막히네.
제시간에 가긴 틀렸어.

**As far as I can tell, we'll arrive
only 10 minutes late. Just sit back
and relax and I'll do my best to get us
there as quickly as possible.**

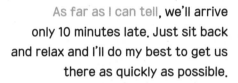

내가 보기에는 10분 정도만 늦게 도착할 것 같아.
그냥 편하게 기대 앉아 쉬고 있어.
최대한 빨리 도착하도록 해 볼게.

**Okay, but don't start driving
recklessly just to get us there
on time.**

알겠어, 제시간에 도착한다고 폭주하지는 말고.

**Don't worry. I won't.
You can count on me.**

걱정하지 마. 안 그럴 거야.
믿어도 돼.

---

bumper-to-bumper (교통이) 정체된, (자동차가) 꼬리를 문   drive recklessly 난폭하게 운전하다, 폭주하다
count on ~을 믿다, ~을 확신하다

You were right on the money.

당신이 맞았어요.

be (right) on the money(정확하다, 딱 맞다)는 딱 맞췄을 때 사용하는 캐주얼한 표현으로 내기할 때 돈이 되는 것에 거는 모습을 떠올려 보면 더욱 쉽게 익힐 수 있을 거예요. 주어 자리에는 사람 이외에도 어떤 추측이나 대답이 올 수도 있어요. (e.g. Your answer is right on the money. 당신의 대답은 정확해요.)

★

+ **You hit the nail on the head with that guess.**

그 추측은 정확해요(정곡을 찔렀어요).

→ hit the nail on the head 정확히 맞는 말을 하다

+ **You hit the bull's-eye when you made that rough estimate.**

대략적으로 예상하신 건데 정확했어요(정곡을 찔렀어요).

→ hit the bull's-eye는 '과녁 한복판에 명중하다'라는 뜻으로 그만치 정확하다는 뉘앙스를 나타내요.

**You know how you guessed
that Ben would lie again
despite promising that he wouldn't?**

Ben이 하지 않겠다고 약속했는데도
또 거짓말을 할 거라고
네가 짐작했던 거 기억해?

**Yeah. Let me guess.
You caught him lying again.**

응. 내가 맞춰 볼까?
Ben이 또 거짓말하는 거 들켰네.

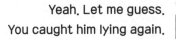**Yep. You were right on the
money, as usual. Don't tell me
you told me so, though.
I can't bear to hear it.**

맞아. 늘 그렇듯이 네가 맞았어.
그런데 네 말이 맞았다고 (얄밉게) 말하지는 마.
그런 말은 듣기 싫어.

**I would never say that to you.
I'm not happy being right
about this, you know.**

그런 말 안 할게. 나도 이게 맞았다는 게
썩 좋지는 않아, 너도 알잖아.

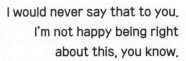

....

despite ~에도 불구하고   bear 참다, 견디다

131

Lesson

15

What to say when...

something unexpected happens

예상하지 못한 일이 생길 때

원어민 게이지 **50%** ✈

I didn't see that coming.

그렇게 될 줄 몰랐어요.

원어민 게이지 **80%** ✈

He called me out of the blue yesterday.

어제 그 사람이 난데없이 제게 전화했어요.

원어민 게이지 **100%** ✈

His decision really blindsided me.

그 사람의 결정은 정말 허를 찔렀어요.

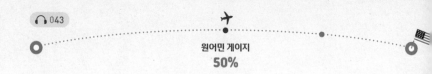
I didn't see that coming.

그렇게 될 줄 몰랐어요.

위의 표현은 예상치 못한 일이 생겼을 때 쓸 수 있는 표현으로 일이 그렇게까지 될 줄은 전혀 몰랐다는 뉘앙스로 '그런 일이 생길 줄 몰랐어 / 그렇게 될 줄 몰랐어 / 그렇게 나올 줄 몰랐어 / 그건 예상치도 못했네'와 같은 의미로 해석될 수 있어요.

⭐

+ **You don't say.**

설마(그럴 리가).(내 그럴 줄 알았어.)

→ 상대방이 믿기지 않는 말을 했을 때 '설마 / 그럴리가'라는 의미로 말할 수도 있으며, '내 그럴 줄 알았어 / 어련하시겠어'와 같은 의미로 비꼬는 듯한 뉘앙스로 말할 수도 있어요.

+ **(Well,) Imagine that!**

상상도 못했네!(뜻밖이야!)

→ 이 표현은 '상상도 못했는데 신기하다'와 같은 뉘앙스가 담긴 표현이에요.

**Did you see that he won
the Academy Award
for Best Actor?**

그 사람이 아카데미 남우 주연상
수상한 거 봤어요?

Yes.
I did not see that coming.
Did you?

네.
예상치 못했어요.(수상할 줄 몰랐어요.)
당신은 예상했어요?(수상 할 것 같았어요?)

**No.
It came out of left field.
I watched the movie
and I couldn't imagine
that he would even be nominated.**

아뇨. 완전 뜻밖이었어요.
전 그 영화 보고 그 사람이
후보에 오를 거라고는 상상도 못했거든요.

You're telling me.

제 말이 바로 그 말이에요.

---

out of left field 생각지도 않은 곳에서, 뜻밖에, 예상치 못한 (left field(좌익수 구역)에서 1루나 홈베이스까지
송구하는 놀라운 일을 가리키는 데서 유래)　　 be nominated 후보에 이름이 오르다　　 You're telling me.
내 말이 바로 그 말이에요.(전적으로 동의해요.)

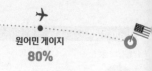

He called me out of the blue yesterday.

어제 그 사람이 난데없이 제게 전화했어요.

out of the blue 는 '갑자기, 난데없이, 예고 없이, 느닷없이'라는 뜻으로 unexpectedly (뜻밖의)와 같은 부사를 사용하는 것보다 일상 대화에서 더욱 가볍게 사용할 수 있는 캐주얼한 표현이에요.

★

+ It came out of nowhere.

갑자기(느닷없이/뜬금없이/불현듯/문득) 나타났어요.

→ 소위 한국어로는 '갑자기 훅 들어오네'라는 말을 쓰곤 하죠? 이와 같은 뉘앙스로도 쓸 수 있는 표현이에요.

+ Her passive aggressive comment came out of left field.

그녀의 소극적인 공격적 발언은 예상하지 못한 바였어요.

→ come out of left field 예상치 못한 (의외의) 일이다, 통상적이지 않다

Yesterday, out of the blue,
**Marie said she's packing up
and moving abroad.**

어제 갑자기 Marie가 짐을 싸서
해외로 이사 간다고 하더라고요.

What?
That came out of nowhere.
Didn't she just buy a house?

뭐라고요?
갑작스러운데요.
Marie는 방금 집을 사지 않았나요?

**Yes, but she said
she's going to rent it out
for some passive income.**

맞아요, 그런데 그 집은 불로 소득용으로
임대를 놓을 거라고 하더군요.

**Wow!
She's living the life,
isn't she?**

우와!
Maries는 삶을 제대로 살고 있네요,
그렇지 않아요?

---

pack up (짐을) 싸다   rent out 임대하다   passive income 불로 소득 (노동을 하지 않아도 벌어들이는 소득)

His decision really blindsided me.

그 사람의 결정은 정말 허를 찔렀어요.

blindside(기습하다, 허를 찌르다)는 보통 어떤 해로운 결과로 누군가를 놀라게 했다는 뉘앙스를 나타내요. 화나게 하거나 서운하게 했을 때 또는 계획을 망쳤을 때 자주 사용하는 표현이에요.

+ **The announcement knocked me for a loop.**

그 발표를 듣고 전 경악했어요.

→ knock/throw A for a loop(A를 당황하게 하다/기겁하게 만들다)는 누군가에게 고리를 던져 옴짝달싹 못하게 하여 당황스럽게 만드는 상황을 생각해 보면 이해하기 쉬울 거예요.

+ **The situation made my jaw drop.**

그 상황에 놀라서 입을 다물 수 없었어요.

→ make one's jaw drop(입이 떡 벌어지게 하다)는 대단한 것을 보고 놀라는 경우에 쓸 수 있는 표현이에요. 참고로 형용사 jaw-dropping(놀라서 입을 떡 벌리게 만드는)은 몹시 놀랍거나 감동적인 상황에서 긍정적인 뜻으로 사용돼요.

The economic recession is really
blindsiding a lot of young people
that are just entering the job market.

경제 불황으로 이제 막 취업 시장에
진입하는 많은 젊은이들이 타격을 받고 있어요.

**I know. I feel for them.
I mean, my family and I had to
tighten our belts, but at least we had
some savings to fall back on.**

알아요. 젊은이들이(그들이) 안됐어요.
무슨 말인가 하면, 제 가족과 저는 허리띠를
졸라매야 했지만 적어도 기댈 만한 저축액은 있었거든요.

**Yeah, and you know
this is just going to widen
the generation gap further.**

네, 그리고 이러한 상황이
세대 간 격차를 더욱 벌리겠죠.

You're right.

맞는 말이에요.

---

economic recession 경기 침체, 불경기   I mean 내 말은, 무슨 말인가 하면, 다시 말해 (자신이 방금 한 말을 설명하거나 수정할 때 씀)   fall back on 의지하다, 기대다   generation gap 세대차

01 I _____ your poor attitude.

당신의 안 좋은 태도에 실망했어요.

02 The trip _____ expectations.

그 여행은 기대에 못 미쳤어요.

03 I am _____ him.

그 사람에게 질렸어요.

04 I _____ that you're not interested in what I'm saying.

제가 말하는 것에 관심이 없으시다는 느낌이 들어요.

05 He _____ on me.

그 사람은 제게 호의적인 인상을 줬어요.

06 I was _____ that we were friends.

우리가 친구라고 믿고 있었는데 아니었네요.

07 _____, I'd say he's in his 40s.

짐작해 보건데, 그 사람은 40대인 것 같아요.

08 I _____ what happened.

무슨 일이 일어났는지 전 짐작만 할 뿐이에요.

09 I was _____ with my guess.

제 추측이 완전 빗나갔네요.(완전히 헛다리 짚었네요.)

10 I don't know for sure, but I can _____.

확실치는 않지만, 아는 한에서 추측해 볼 수 있어요.

11 _____, this won't be a problem.

제가 보기엔 이건 문제가 안 될 거예요.

12 You were _____.

당신이 맞았어요.

13 He called me _____ yesterday.

어제 그 사람이 난데없이 제게 전화했어요.

14 His decision really _____ me.

그 사람의 결정은 정말 허를 찔렀어요.

★

01 am disappointed by **02** fell short of **03** fed up with **04** get the impression
05 made a favorable impression **06** under the impression **07** If I had to take a guess
08 can only guess at **09** way off base **10** make an educated guess
11 As far as I can tell **12** right on the money **13** out of the blue **14** blindsided

Lesson
16 - 20

What to say when...

Lesson

16

What to say when...

you talk about possibility
가능성에 대해 이야기할 때

Arriving on time seems iffy.

제시간에 도착하는 건 어려울 것 같아요.

This is a surefire way to lose weight.

이건 살을 빼는 확실한 방법이에요.

Never in a million years will it happen.

절대 그런 일은 일어나지 않을 거예요.

Arriving on time seems iffy.

제시간에 도착하는 건 어려울 것 같아요.

iffy는 '~할 것 같지 않은(unlikely), 확신이 없는(uncertain / doubtful)'의 뜻을 지닌 비공식적인 형용사예요. 참고로 iffy를 사용해서 'It's iffy.(= I'm not sure.)'라고 말할 땐 '좀 애매해요.'라는 뉘앙스를 나타내요. 이외, 결정을 못하고 주저할 때나 날씨 등이 안 좋거나 이상하다고 말할 때 iffy를 사용해서 'He's iffy about going tonight.(그는 오늘밤에 가기를 주저하고 있어요.), The weather looks iffy.(날씨가 이상해 보여요.)'와 같이 표현할 수 있어요.

⭐

+ **There's a slim chance** of success.

성공할 가능성은 희박해요.

→ slim/small chance 희박한 가능성

+ I called her **on the off chance** that her meeting was over.

혹시나 회의가 끝났을까 하고 그녀에게 전화했어요.

→ off chance 희박한 가능성, 도저히 있을 것 같지 않은 기회
  on the off chance 혹시 ~일지도 모르므로(혹시나 하고)

146

Are your travel plans still iffy?

여행 계획은 아직 미정이에요?

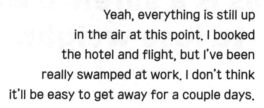

Yeah, everything is still up in the air at this point. I booked the hotel and flight, but I've been really swamped at work. I don't think it'll be easy to get away for a couple days.

네, 지금 시점에서는 아직 정해진 게 없어요.
호텔과 비행기는 예약했는데,
정말이지 눈코 뜰 새 없이 바쁘네요.
며칠 간 모든 일을 제쳐두고 쉬고 오기에는
쉽지 않을 것 같아요.

Your work-life balance is really out of whack. Don't push yourself too hard, okay?

일과 생활의 균형이 완전히 깨져 있네요.
너무 무리하지 마세요, 알았죠?

Don't worry. Things should slow down again in a couple weeks.

걱정하지 마세요.
몇 주 후면 상황이 다시 둔화될 거예요.

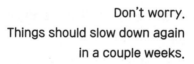

---

up in the air 아직 미정인   be swamped at work (직장에서) 눈코 뜰 새 없이 바쁘다, 일에 쫓기다
out of whack 제대로 안 돌아가는   a couple of 두서너 개의, 몇 ~의 (캐주얼하게 대화를 할 땐 of를 빼고
a couple로 자주 사용)

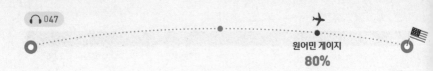
This is a surefire way to lose weight.

이건 살을 빼는 확실한 방법이에요.

surefire(확실한, 틀림없는)은 반드시 성공하고 기대한 결과를 얻을 수 있다는 뉘앙스를 나타내는 비격식적인 표현이에요. 한국어로는 (일이나 사건이) 앞으로 어떻게 될지 의심할 여지없이 아주 명백하다는 의미로 '볼 보듯 뻔한다'라는 표현을 쓰잖아요? 영어에서는 surefire을 떠올릴 수 있어요. 위에서와 같이 a surefire way to do의 형태로 쓰이면 '~하기에 확실한 방법'이란 뜻으로 통해요.

★

+ **You're a shoo-in for the management position.**

당신은 관리직에 확실한 내정자(적임자)예요.

→ shoo-in은 거의 우승이 확정된(확실한) 사람을 지칭하여 '확실한 내정자'라는 뜻의 비격식적인 표현이에요.

+ **The result of the election is a foregone conclusion.**

선거 결과는 기정사실이에요.

→ be a foregone conclusion은 이미 정해진 결론, 뻔한 결과, 필연적인 결과라는 뉘앙스로 '기정사실이다'라는 뜻의 격식적인 표현이에요.

Did you hear their new single?

그 사람들의 새 싱글 앨범 들어봤어?

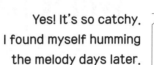

**Yes! It's so catchy.
I found myself humming
the melody days later.**

그럼! 노래가 너무 중독성 있더라.
며칠 후에 내가 그 멜로디를
흥얼거리고 있더라고.

**It's a surefire hit.
I already started hearing it
on the radio.**

이 곡은 확실히 히트칠 거야.
이미 라디오에서도 들을 수 있더라고.

**Yeah. I bet it will make it
on the Billboard Hot 100.**

맞아. 틀림없이 빌보드 Hot 100에
오를 거라고 봐.

---

catchy 귀에 쏙 들어오는, 기억하기 쉬운 (문맥상 '대중적인, 중독성 있는, 귀에 착착 감기는'과 같은 의미로 해석)
hum 흥얼거리다

Never in a million years will it happen.

절대 그런 일은 일어나지 않을 거예요.

never in a million years는 '어림없다, 절대로 ~하지 않다'라는 뜻의 구어적인 표현이에요. 전혀 생각지도 못한 상황이 일어나거나 단호하게 거절할 때 사용할 수 있어요. (e.g. Never in a million years did I think I would win. 내가 이길 거라고는 전혀 생각하지 못했어. / I can't do it. Never in a million years. 안 돼. 두 눈에 흙이 들어가도 안 돼!)

★

+ **There's a fat chance of that happening.**

그런 일이 일어날 가능성은 희박해요.

→ fat chance 매우 희박한 가능성 (속어)
Fat chance! 그럴 일 없어! / 퍽도 그러겠다! (일상 대화에서 단독으로 쓰일 때)

+ I **don't stand a chance of** making it on time.

제시간에 도착할 가능성은 없어요.

→ stand a chance of ~의 가능성이 있다

Have you ever tried raw octopus?

산낙지 먹어본 적 있어?

Raw octopus?
I wouldn't be caught dead eating it.
Never in a million years.

산낙지?
죽어도 안 먹을 거야.
그런 일은 절대 없어.

You like seafood and sushi, right?
You should give it a try.
You might like it.

너 해산물이랑 초밥 좋아하잖아, 맞지?
한번 먹어봐.
괜찮을 수도 있어.(입맛에 맞을 수도 있어.)

You'll see me eating raw octopus
when pigs fly.

있을 수 없는 일이야.(해가 서쪽에서 뜨겠네.)

wouldn't be caught dead ~하는 게 죽기보다 싫다   when pigs fly (돼지가 날 일이 없듯) 결코 그럴 일 없
음을 의미 (문맥상 '내 손에 장을 지진다면, 해가 서쪽에서 뜬다면 → 결코 있을 수 없는 일이다'와 같은 뉘앙스)

Lesson

17

What to say when...

you talk about how easy something is

수고의 정도를 나타낼 때

원어민 게이지 **50%** ✈

It's nothing.

이건 아무 일도 아녜요.

원어민 게이지 **80%** ✈

It's doable.

할 만해요.(해 볼 수 있어요.)

원어민 게이지 **100%** ✈

It looks like I have my work cut out for me.

이 일은 그리 쉽지 않을 것 같은데요.(이 일 너무 빡셀 것 같아요.)

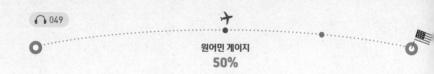
It's nothing.

이건 아무 일도 아녜요.

쉬우면서도 다양하게 활용할 수 있는 실생활 표현이에요! 어떤 일을 하거나 해결하는 데 있어서 감당하기 쉬운 정도를 나타내고 있어요. 소위 '누워서 떡 먹기지'라는 뉘앙스와 비슷한 표현이에요. 또한 누군가를 도와준 행위에 대한 감사의 인사를 받았을 때에도 '크게 수고롭지 않았다'는 뉘앙스로 답변할 수 있는 표현이에요. 동일한 맥락에서 'It's no big deal.(별 것 아니에요.) / No problem.(고맙기는요, 그 정도 가지고.)'도 즐겨 쓰이는 표현이니 함께 익혀 두세요.

⭐

+ **There's nothing to it.**

아주 쉬워요.(별 거 없어요.)

→ '그거 별 거 아니다'라는 뜻으로 큰 수고로움이 없다는 뉘앙스를 나타내요.

+ **This is a walk in the park for me.**

이건 저에게 식은 죽 먹기예요.

→ a walk in the park는 직역하면 '공원에서의 산책'으로 쉽고 즐거운 일이라는 뉘앙스를 나타내요. 따라서 '식은 죽 먹기'와 같이 쉬운 일에 빗대어 해석할 수 있어요.

You got your driver's license here?
That must have been hard.

여기서 운전면허증을 땄어요?
힘들었겠네요.

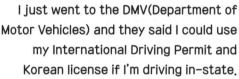

Not at all. It was nothing.
I just went to the DMV(Department of
Motor Vehicles) and they said I could use
my International Driving Permit and
Korean license if I'm driving in-state.

전혀요. 별 거 없었어요. 그냥 차량관리부에 갔더니
국제운전면허증과 한국면허증을 주 내에서
사용할 수 있다고 하더라고요.

Wow! Really?
That's easier than I expected, but
you might drive out-of-state, right?
What then?

와! 정말요? 생각보다 쉽게 처리되었네요.
그런데 다른 주로 운전할 수도 있는 거죠?
그 다음에는(다른 주에서는) 어떻게 되는 거예요?

I can just take the driving test
and switch to a state license.

운전면허 시험을 보고
주 면허증으로 바꾸면 돼요.

---

must have p.p. ~했음에 틀림없다 (과거일에 대한 강한 추측)　　take the driving test 운전면허 시험을 보다

It's doable.

할 만해요.(해 볼 수 있어요.)

doable은 가능의 의미로 일상생활에서 많이 쓰이는 형용사예요. 문자 그대로 do(하다)+able(~할 수 있는)이 결합하여 '할 수 있는'이란 뜻을 나타내며, 무언가를 하기에 쉽지는 않지만 가능한 경우에 '할 만한, 해 볼 수 있는'과 같은 뉘앙스로 쓰이는 어휘예요. 좀 더 격식적으로 사용할 수 있는 형용사로는 'feasible(실현 가능한), manageable(감당 할 수 있는), viable(실행 가능한)'이 있어요. 반대의 뜻으로 '할 수 없는'을 표현하고 싶을 땐 undoable, not doable로 나타낼 수 있답니다.

★

+ **It's nothing I can't handle.**

제가 감당할 수 있어요.

→ '그거 별 거 아니다'라는 뜻으로 큰 수고로움이 없다는 뉘앙스를 나타내요.

+ **It's not the easiest thing in the world.**

세상에서 가장 쉬운 일은 아니죠.

→ 최상급 표현인 not the easiest thing을 써서 일이 (감당하기) 어려운 상태를 간접적으로 조심스럽게 돌려 말하고 있어요. 반대로 많이 어렵지 않은 일을 간접적으로 표현할 땐 형용사 자리에 hardest를 넣어 말하면 된답니다.

How are we doing on time?

마감일에 맞춰 어떻게 진행되고 있어요?

**We're cutting it close to the deadline,
but** it's doable.

마감일까지 빠듯하지만
할 수 있어요.

**Well, let's shift it into high gear.
We have to get this thing done
before Friday.**

그럼, 기세를 올려 봅시다.
금요일 전에는 이 일을 끝내야 합니다.

Sure. I'll work overtime if I have to.
It's nothing I can't handle.

물론이죠. 필요하면 야근도 하려고요.
제가 감당할 수 없는 일은 아니에요.

---

on time 시간을 어기지 않고, 예정한 시간에, 제시간에 (문맥상 제시간에 맞춰 일이 진행되고 있는지 물어보는 뉘앙
스로 '마감일에 맞춰'라고 해석 가능)   shift into high gear 기세가 오르다, 박차를 가하다
cut it close 시간이 겨우(빠듯하게) 되다

It looks like I have my work cut out for me.

이 일은 그리 쉽지 않을 것 같은데요.
(이 일 너무 빡셀 것 같아요.)

have one's work cut out for someone은 '해야 할 일이 엄청 많다'라는 의미로 맡겨진 일이 쉽지 않아서 그 일을 해내려면 많은 수고와 노력이 필요하다는 의미를 내포하고 있어요. 마치 재단사가 맞춤 양복을 만드는데 필요한 옷감들이 잘려져서 손수 꿰메어 옷을 만드는 이미지를 생각해보면 이해하기 쉬울 거예요. 따라서 맥락상 '일이 너무 빡세다, 일이 장난 아니다, 일복이 많다'와 같은 뉘앙스로 해석될 수 있어요.

⭐

+ **The meeting took a lot out of me.**

미팅 정말 힘들었어요.

→ take a lot out of someone ~를 (육체적·정신적으로) 지치게 하다.

+ **My job is killing me.**

일 때문에 죽을 지경이에요.

→ A is killing me A가 날 괴롭히다, A 때문에 죽겠다

Congratulations on finding a house!
Your offer got accepted, right?
You must be so ecstatic.

집 구하게 돼서 축하드려요!
협상이 잘 되었죠?(제안이 받아들여진 거죠?)
날아갈 듯이 기쁠 것 같아요.

Thanks. Yeah, it got accepted.
It's a big relief, but now I have to go
over the contract before the closing.
I've got my work cut out for me.

감사해요. 제안이 받아들여졌어요.
천만다행인데, 이제 (정식으로) 계약 하기 전에
계약서를 검토해야 해서요.
만만치 않은 일이에요.

Yeah, contracts are always really complicated.
If you need help, I could help you find
a lawyer who specializes
in real estate contracts.

네, 계약은 늘 너무 복잡하더라고요.
도움이 필요하면, 부동산 계약 전문 변호사를
알아 봐 줄 수도 있어요.

That might not be a bad idea.
Thanks for the offer.

나쁘지 않을 것 같아요.
제안해 주셔서 감사해요.

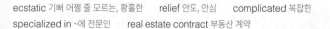

ecstatic 기뻐 어쩔 줄 모르는, 황홀한   relief 안도, 안심   complicated 복잡한
specialized in ~에 전문인   real estate contract 부동산 계약

Lesson

18

What to say when...

you need some me-time

자신만의 시간이 필요할 때

I need some me-time.

나만의 시간이 필요해요.

I feel like treating myself to some retail therapy.

쇼핑으로 기분 전환 좀 하고 싶어요.

I'm a big/real homebody.

저는 정말 집돌이/집순이에요.

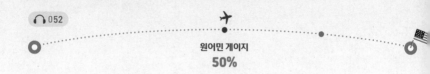
I need some me-time.

나만의 시간이 필요해요.

me-time(me time)은 '나를 위한 휴식 시간, 나만의 시간, 나에게 집중할 시간, 나 혼자만의 시간'을 뜻하는 비격식적인 단어예요. 불가산 명사이기 때문에 관사를 붙여서 쓰지는 않지만 소유격 my, his, her 등을 앞에 붙여 쓰면 자연스러워요. 이때 소유격은 주어와 일치시킨다는 점에 유의하세요. (e.g. He loves his me-time. 그는 자신만의 휴식 시간을 참 좋아해요.)

⋯⋯⋯⋯⋯⋯⋯⋯⋯⋯⋯⋯⋯⋯⋯ ★ ⋯⋯⋯⋯⋯⋯⋯⋯⋯⋯⋯⋯⋯⋯⋯

+ **I would kill for some alone time.**

혼자만의 시간을 너무 갖고 싶어요.

→ would kill for+명사는 '정말 원하다'라는 뜻으로 일상 속에서 캐주얼하게 쓰이는 표현이에요. 참고로 전치사 for 없이 kill time만 쓴다면 '(기다리는) 시간을 보낸다'는 뜻으로 소통되니 구분해서 사용하도록 하세요.

+ **Sometimes I just want to be by myself for a while.**

가끔은 잠시 혼자 있고 싶을 때가 있어요.

→ be by oneself 혼자 있다

You look pretty worn out.
Are you sleeping alright?

정말 피곤해 보여요.
잠은 잘 자요?

Not really. I'm getting something
like 4 hours of sleep a night.
Between work and taking care of
the kids, I've got no time to myself
let alone time to sleep.

별로요. 하루에 4시간 정도 자는 것 같아요.
일도 하면서 아이들을 돌보느라고
잠잘 시간은 고사하고 혼자 있을 시간도 없네요.

I hear you, but you should really have
some me-time once in a while.
Let me know if you need a babysitter.

상황은 알겠는데, 때로는 한 번씩 자신만의 시간을 가져야 해요.
베이비 시터가 필요하면 알려 주세요.

Wow. You mean that?
You would be a total lifesaver
if you babysit sometimes.

어머, 정말이에요?
가끔씩 아이를 돌봐 주신다면
덕분에 완전 살 것 같을 거예요.

I hear you. 네 심정 이해해. / 그렇군요. / 알겠어요. (문맥상 상대방의 상황을 공감하는 뉘앙스로 '(당신의) 상황 알 겠어요'와 같이 해석 가능)   lifesaver 은인, 구세주, 궁지를 벗어나게 해 주는

I feel like treating myself to some retail therapy.

쇼핑으로 기분 전환 좀 하고 싶어요.

수고하고 어려운 일을 해냈거나 바쁜 일상 가운데 때로는 스스로에게 보상을 하고 싶을 때가 있을 거예요. 이럴 때 미국 사람들은 treat oneself to something(자신에게 좋은 것을 주다)이라는 표현을 즐겨 쓰거든요. 쇼핑을 통한 기분 전환을 하고 싶을 때는 retail therapy(쇼핑 경험을 통해 치유를 준다는 뉘앙스)를 넣어 위의 표현과 같이 말할 수 있어요.

.... ⭐ ....

+ **I should do something nice for myself.**

저 자신을 위해 뭔가 좋은 일을 해야겠어요.

→ nice 자리에 good을 넣어서도 많이 말해요.

+ **I deserve it.**

저는 그럴 자격이 있어요(누릴/받을 만해요).

→ 스스로를 위해 좋은 것을 누리거나 자기 보상으로 무언가를 살 때 많이 사용하는 표현이에요.
참고로 'I'm worth it.(전 그럴 만한 가치가 있어요.)'도 많이 쓰이니 함께 익혀 두세요.

Where are you headed?

어디로 가세요?

I'm going to get a massage.
I figured it's time that
I treat myself to one.

마사지 받으러 가려고요.
마사지 받으면서 기분 전환 좀
해야겠다는 생각이 들어서요.

Good idea! You definitely deserve it.
You've been working so hard lately.
Enjoy it!

좋은 생각이네요! 진짜 누릴(마사지 받을) 만해요.
요즘 매우 열심히 일했잖아요.
(마사지) 잘 받으세요.

Thanks. I will.
I might even splurge and
get a facial while I'm at it.

감사해요. 잘 받을게요.
(마사지) 받는 김에 사치 좀 부리면서
얼굴 마사지를 받을지도 모르는 거죠.

---

splurge 돈을 물 쓰듯 쓰다   get a facial 얼굴 마사지를 받다

I'm a big/real homebody.

저는 정말 집돌이/집순이에요.

homebody는 성별에 상관이 없이 집에 있기 좋아하는 사람을 지칭해요. 주로 편안하고 가벼운 일상 대화에 쓰이는 어휘라서 캐주얼한 형용사 big/real(정말)과 함께 사용돼요.

★

+ **I'm kind of a loner.**

저는 혼자 있기를 좋아하는 편이에요.

→ loner은 주로 '혼자 지내는 사람, 혼자 있기를 더 좋아하는 사람'으로 반드시 혼자 있어서 즐거워하는 건 아닐 수도 있어요.

+ **I'm quite introverted.**

저는 꽤 내성적이에요.

→ 명사형으로는 introvert(내성적인/내향적인 사람)로 'I'm quite an introvert.(저는 꽤 내성적인 사람이에요.)'와 같이 말할 수도 있어요.

It's Friday! Do you feel like going out to eat?

금요일이야!
외식하고 싶어?

Actually, I'd rather get delivery and watch a movie at home. What do you say?

사실, 집에서 배달시켜 먹으면서
영화 보는 게 더 좋아. 어때?

Are you sure? You've been working from home all week. Aren't you getting a little stir-crazy?

정말이야? 일주일 내내 재택근무 했잖아.
좀 답답하지 않았어?

Not at all. You know me. I'm a real homebody.

전혀. 날 알잖아.
정말 집순이란거.

---

feel like ~ing ~하고 싶다 (문맥상 'Do you feel like ~ing?'는 '~하는 거 어때? / ~하고 싶지 않아?'와 같은 의미 내포)   stir-crazy 환장하는, (머리가) 정상이 아닌 (갇혀 지내 답답함을 나타내는 뉘앙스)

Lesson

19

What to say when...

you want to socialize

사람들과 어울리고 싶을 때

It's time for me to get out there.

안전지대에서 벗어나야 할 때가 됐어요.

I feel like going out and doing something.

나가서 뭔가 좀 하고 싶어요.

I'm somewhat of a social butterfly.

어느 정도 마당발이에요.

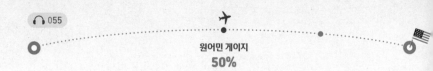
It's time for me to get out there.

안전지대에서 벗어나야 할 때가 됐어요.

위의 표현은 적응된 환경에서만 머물려는 상대에게 나가서 새로운 경험을 하도록 북돋아 줄 수 있는 표현이랍니다. get out there은 '목표나 과제 등을 달성하거나 해내다'라는 뉘앙스를 갖고 있어요. 따라서 'I need to get out there and meet someone/try something new.(세상에 나가 남자(여자)친구를 사귀어야겠어요/새로운 것을 해 봐야겠네요.)'와 같이 구체적인 목표를 덧붙여 말할 수 있어요.

★

+ **I need to get out of the house for a change.**
기분 전환을 위해 집 밖으로 나가야겠어요.

→ for a change 여느 때와 달리, 기분 전환으로

+ **I want to step outside of my comfort zone.**
익숙한 영역에서 벗어나길 원해요.

→ step outside of my comfort zone은 문맥상 '안락한 일상에서 벗어나다, 안전지대 밖으로 나가다, 익숙한 영역에서 벗어나다'와 같이 해석할 수 있으며, '나가다'를 뜻하는 step outside 자리에 get out을 써서 표현할 수도 있어요.

Are you going out tonight?
You're all dressed up.

오늘 밤에 외출할 거야?
옷을 다 차려 입었네.

Yes, and it's about time. I moved to this city
months ago, but I still haven't seen
most of what the city has to offer.
I figured it's time for me
to get out there.

응, 진작에 외출을 했어야 하는데. 몇 달 전에
이 도시로 이사를 왔는데도 여전히 도시 대부분을
구경하지 못했어. 이제 나가서 새로운 곳으로
가 볼 때가 된 것 같아.

That's a great idea. Can I tag along?
I can show you some nice spots I found.

좋은 생각이야. 내가 따라가도 되나?
내가 발견한 멋진 장소들을 보여줄게.

Of course!
That'd be great.

물론이지! 좋고말고.

It's about time. (~을) 해야 할 때야. / 해야 할 것 같아. (지금이라도 해야 늦지 않다, 이미 늦었지만 더 늦기 전에
해야 한다는 뉘앙스로 문맥상 '진작에 그랬어야 하는데.'와 같이 해석 가능)　　tag along (특히 청하거나 초대하
지 않는데도) (~를) 따라가다

I feel like going out and doing something.

나가서 뭔가 좀 하고 싶어요.

위의 표현은 특별히 해야할 것을 정해놓지 않고 막연히 나가서 기분 전환을 하고자 할 때 사용할 수 있는 표현이에요. 참고로 go out(밖에 나가다, 외출하다) 뒤에 with+대상을 붙여 말하면 '~와 사귀다, 데이트하다'라는 뜻의 표현이 되기 때문에 주의해서 사용해야 해요. 이와 더불어 be/go out on the town(밤에 시내에서 놀다/나가서 놀다)도 자주 쓰이는 표현이니 함께 익혀 두면 좋습니다!

★

+ **I'm sick of being cooped up inside. It's time to get out there and live a little.**

  안에 갇혀 있는 게 지겨워요. 이제 좀 벗어나서 재미있게 살아야 할 때에요.

  → coop up 꼼짝 않고 들어앉아 있다

  live a little 재미있게 살다, 인생을 즐기다, 하고 싶은 것을 하다

+ **I want to let loose and have a little fun.**

  마음 놓고 좀 놀아 보고 싶어요.

  → let loose 마음대로 하다, 마음 놓고 놀다 (이외 문맥에 따라 '풀어주다, 분별을 잃다'와 같은 뜻을 나타내기도 해요.)

Let's go out and do something tonight!
I'm sick of staying at home
and watching Netflix.

오늘 밤에 나가서 뭐 좀 하자!
집에서 넷플릭스 보는 것도 지겨워.

I don't know. It's a weekday and
I've got an important presentation
tomorrow morning.

글쎄. 평일인데다가
내일 아침엔 중요한 발표가 있어서.

Then, let's just make sure we come back
before 11 PM so you can get your beauty rest.
You should let yourself have a little fun
once in a while.

그럼, 11시 전에 와서 편히 쉬도록 하자.
가끔식은 좀 놀아 보기도 해야 해.

Hmm... fine. If we get back
before 11 PM, it should be fine.

음... 좋아.
밤 11시 전에 들어오면 괜찮을 거야.

....

be sick of 지긋지긋하다, 지겹다　　get one's beauty rest 편히 쉬다　　once in a while 때로는, 가끔

I'm somewhat of a social butterfly.

어느 정도 마당발이에요.

social butterfly는 문자 그대로 social(사람들과 어울리기 좋아하는, 사교적인)과 butterfly(나비)가 결합하여 만들어진 어휘로 '(나비와 같이 이 사람, 저 사람에게 다가가는) 친절한 사람, 사교적인 사람'을 의미해요. 즉 '인싸, 마당발'로 불리우는 사람을 지칭하는 표현이에요. 따라서 be somewhat of a social butterfly라고 하면 '어느 정도 사람들과 어울리기를 좋아한다'라는 뜻을 갖게 됩니다.

· ★ ·

+ I'm pretty extroverted.

저는 꽤 외향적이에요.

→ pretty는 일상에서 편하고 가볍게 쓸 수 있는 부사로 '아주, 매우, 꽤'를 뜻해요. 명사 extrovert (외향적인 사람)를 사용해서 'I'm a big extrovert.(저는 꽤 외향적인 사람이에요.)'라고도 표현할 수 있어요.

+ I like to be the life of the party.

파티의 분위기 메이커(익살꾼)가 되기를 좋아해요.

→ the life of the party는 '파티의 스타, 파티를 즐겁게 하거나 고조시키는 것을 돕는 유형의 사람'으로 파티에서 가장 재미있고 활발한 사람을 묘사해요.

I never knew you were such a social butterfly! **You know everyone at this party.**

당신이 그렇게 사교적인 사람인 줄 몰랐어요.
파티의 모든 사람을 알고 계시네요.

No, I'm no social butterfly. **I've just met most of them at conferences or work events in the past. Remember, I've got over 10 years of experience in this field.**

아뇨, 전 마당발이 아니에요. 대부분
이전에 콘퍼런스나 직장 행사에서 만난 사람들이에요.
제가 이 분야에서 10년 이상 일해왔다는 사실을 생각해 보세요.

I wonder if I'll ever be like you.

저도 당신처럼 될 수 있을까 싶네요.

Of course, you can. You can do whatever you set your mind to. It's not a matter of being extroverted **or introverted.**

당연히 될 수 있죠. 마음만 먹으면 할 수 있어요.
외향적이거나 내향적인 문제와는 달라요.

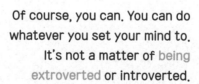

I wonder if ~일까 싶다, ~일지 궁금하다 　　set one's mind to ~에 전념하다, 마음(주의)를 기울이다

Lesson

20

What to say when...

you need a break

휴식이 필요할 때

원어민 게이지 **50%** ✈

I'd love to kick back and watch some TV.

저는 느긋하게 쉬면서 TV를 보고 싶어요.

원어민 게이지 **80%** ✈

I'm thinking about taking some time off.

좀 쉴까 생각 중이에요.

원어민 게이지 **100%** ✈

I would kill for some peace and quiet.

정말 쉬고 싶어요.(정말 평화롭고 조용하게 있고 싶어요.)

I'd love to kick back and watch some TV.

저는 느긋하게 쉬면서 TV를 보고 싶어요.

kick back은 '긴장을 풀고 편안한 자세로 쉬다'라는 뜻으로 일상에서 가볍게 쓰이는 캐주얼한 표현이에요. 편안한 자세로 앉거나 누워서 휴식을 취하거나 책상 같은 곳에 다리를 올려 뻗으면서 쉬는 모습을 떠올릴 수 있어요. relax(휴식을 취하다, 긴장을 풀다)를 덧붙여서 'I want to kick back and relax.(편안하게 쉬고 싶어요.)'라고 표현할 수도 있어요.

⭐

+ **I'm dying to put my feet up.**

앉아서 쉬고 싶어 죽겠어요.

→ be dying to 몹시 ~하고 싶어 죽겠다
   put one's feet up 두 발 뻗고 푹 쉬다, 앉아서 쉬다, 편히 쉬다

+ **I need to take a breather.**

잠깐 휴식을 취해야겠어요.

→ take a breather 잠깐 휴식을 취하다, 숨을 돌리다 (breather 대신 break나 rest를 쓸 수 있어요.)

Didn't you work this morning?
How long is your shift today?

오늘 아침에 일 안 하셨어요?
오늘 근무 시간이 얼마나 되세요?

10 hours. I only have an hour left,
but I've been on my feet all day.
I'm dying to kick back and relax at home.

10시간이요. 한 시간밖에 안 남았는데,
하루 종일 서 있었네요.
집에서 편히 쉬고 싶어 죽겠어요.

10 hours? That's crazy. The longest shift
I've ever had was 8 hours and I felt like
I was going to die. Hang in there
for another hour and then go home
and put your feet up.

10시간요? 말도 안 돼요. 제가 일해 본 가장 긴 근무 시간은
8시간이었는데 죽을 것 같더라고요. 한 시간만
좀 더 버티다가 집에 가서 편히 쉬세요.

Yes. I'm just going to kick back **and**
crack open a beer as soon as I get home.

네. 집에 가자마자 맥주 한 잔 마시고 쉬려고요.

---

shift 교대 근무 (시간)　　crack open 소리내며 열리다 (crack open a beer은 '맥주 캔을 따다'라는 뜻인데,
문맥상 자언스럽게 '맥주를 마시다'라고 해석)　　as soon as ~하자마자

I'm thinking about taking some time off.

좀 쉴까 생각 중이에요.

time off(일시적 중단, 휴식)는 평소 하던 일에서 벗어난 상태에서 취하는 휴식을 의미해요. 즉, 단순히 쉬고 싶어서 또는 여행하고 싶거나 몸이 아파서 취하는 일반적인 휴식을 일컬어요. 만일 직장에서 유급 휴가로 휴식을 갖는다면 have time off(휴가를 얻다)로 표현할 수 있어요. 그리고 휴식에 대한 목적을 설명하고자 할 땐 for+명사 또는 to+동사로 덧붙여 말하면 됩니다. (e.g. I'm taking time off to travel. 저는 여행을 가려고 휴가 냈어요.)

★

+ **I want to use my vacation days before the end of the year.**

올해 끝나기 전에 (유급) 휴가를 다 쓰고 싶어요.

→ vacation days(휴가)는 time off와 마찬가지로 많이 쓰이는 표현이에요.

+ **I'd love to go on (a) vacation.**

휴가 가고 싶어요.

→ go on (a) vacation(휴가를 가다)은 관사(a) 없이 흔하게 쓰여요. 유사한 표현으로는 go on a trip(여행가다), go on a getaway(휴가를 떠나다)가 있으며 getaway는 좀 더 현실에서 도망치고 싶다는 뉘앙스를 나타내요.

How much time off do you have left
this year?

올해 휴가 얼마나 남았어요?

I haven't used any of my time off,
so I still have 10 vacation days.

휴가를 한 번도 안 써서
아직 10일이나 휴가가 (남아) 있어요.

You should take some time off!
Go somewhere warm and tropical
and live it up for a little while.
It's paid time off, anyway,
so you can't exchange it.

당신은 좀 쉬어야 해요! 따뜻한 곳이나 열대 지방으로
가서 잠시 동안 마음껏 즐기다 오세요.
어차피 유급 휴가라서 환급이 안 되니까요.

Yeah. You're right. I should put
in a request to use it soon and
figure out where I want to go on vacation.

그래요. 맞아요. 빨리 휴가 사용 신청을 하고
휴가 가고 싶은 곳을 정해야겠어요.

---

tropical 열대 지방의   paid time off 유급 휴가   exchange 교환하다, 맞바꾸다

I would kill for some peace and quiet.

정말 쉬고 싶어요.
(정말 평화롭고 조용하게 있고 싶어요.)

would kill for는 '정말로 ~을 원하다, 간절히 바라다, ~하고 싶어 못 견디겠다'와 같은 뜻의 표현으로 일상에서 흔히 쓰인답니다. 이 뒤에 peace and quiet를 붙여서 말하면, 평온하고 고요한 상태를 간절히 바란다는 뉘앙스로 '정말 쉬고 싶다'는 뜻으로 소통됩니다.

★

+ **I just want to get away from it all.**

모든 것을 떨쳐 버리고 잠시 쉬고 싶어요.

→ get away from it all/everything (짧은 휴가로) 모든 것을 떠나 잠시 쉬다

+ **I'd like to escape from the hustle and bustle for a while.**

잠시 동안 분주함에서 벗어나고 싶어요.

→ hustle and bustle(북적북적, 분주함, 혼잡스러움) 뒤에 of+대상을 붙여서 어떤 분주함인지 말할 수 있어요. (e.g. I want to escape the hustle and bustle of the city. 도시의 분주함에서 벗어나고 싶어요.)

What are you up to?
You've been glued to your phone
for the past hour.

뭐 해?
한 시간 내내 휴대폰만 붙잡고 있잖아.

I'm booking a trip to the beach.
I would kill for some peace and quiet.
I would invite you, but I really want to have
some time to myself for a couple days.

해변으로 여행가려고 예약하고 있어.
한참 전부터 (평화롭고 조용하게) 쉬고 싶었거든.
같이 가고는 싶은데, 정말 며칠 동안은
혼자만의 시간이 필요해서.

No need to explain. Just buy
me a souvenir while you're there!

설명할 필요 없어.
거기 있는 동안 기념품이나 사다 줘!

Deal.

콜(알겠어)!

glue to (~에 몰두하여) 항상 끼고 있다, 놓지 않다   souvenir 기념품

01 **Arriving on time** _____.

제시간에 도착하는 건 어려울 것 같아요.

02 **This is** _____ **to lose weight.**

이것은 살을 빼는 확실한 방법이에요.

03 _____ **will it happen.**

절대 그런 일은 일어나지 않을 거예요.

04 **It's** _____.

할 만해요.(해 볼 수 있어요.).

05 **It looks like I** _____ **me.**

이 일은 그리 쉽지 않을 것 같은데요.(이 일 너무 빡셀 것 같아요.)

06 **I need some** _____.

나만의 시간이 필요해요.

07 **I feel like** _____.

쇼핑으로 기분 전환 좀 하고 싶어.

08 **I'm a big** _____.

저는 정말 집돌이/집순이에요.

09 It's time for me ....

안전지대에서 벗어나야 할 때가 됐어요.

10 I feel like ....

나가서 뭔가 좀 하고 싶어.

11 I'm somewhat of ....

어느 정도 마당발이에요.

12 I'd love to .... **and watch some TV.**

저는 느긋하게 쉬면서 TV를 보고 싶어요.

13 I'm thinking about ....

좀 쉴까 생각 중이에요.

14 I .... **some peace and quiet.**

정말 쉬고 싶어요.(정말 평화롭고 조용하게 있고 싶어요.)

⭐

01 seems iffy **02** a surefire way **03** Never in a million years **04** doable
05 have my work cut out for **06** me-time **07** treating myself to some retail therapy
08 homebody **09** to get out there **10** going out and doing something
11 a social butterfly **12** kick back **13** taking some time off **14** would kill for

Lesson
21 - 25

What to say when...

Lesson
21

What to say when...

you feel lazy

게을러질 때 / 귀찮아질 때

I'm going to chill at home today.

오늘은 집에서 가만히 쉴까 해요.

I'll put it off until tomorrow.

내일로 미룰려고요.

I can't be bothered to do anything today.

오늘은 아무것도 하기 귀찮네요.

I'm going to chill at home today.

오늘은 집에서 가만히 쉴까 해요.

'가만히/느긋하게 쉬다'라는 뉘앙스를 가지고 있는 chill은 혼자 쉴 때나 친구와 시간을 함께 보낼 때도 즐겨 사용할 수 있어요. 친구와 시간을 보낼 때는 'I'm going to chill with my friend at a cafe.(친구랑 카페에서 쉬려고요.)'와 같이 활동하는 것보다 쉼을 갖을 때 쓰는 게 더욱 자연스러워요.

⭐

+ **I think I'll just lie around my house today.**

오늘은 그냥 집에서 뒹굴뒹굴하며 쉬려고요.

→ lie/laze around 뒹굴뒹굴하다, 빈둥대다, 게으름을 피우다 (동일한 뜻의 laze around도 자주 쓰이니 함께 익혀 두세요.)

+ **I'm feeling lazy today, so I'm just going to hang out at home and watch TV.**

오늘은 좀 나른해서 그냥 집에서 TV보며 놀려고요.

→ hang out+장소 ~에서 놀다 (hang out은 친구들과 함께 놀 때도 많이 사용하지만 특정 장소에서 홀로 쉴 때도 많이 사용해요.)

Do you have any plans this weekend?

이번 주말에 뭐 해요?

Nothing special. I think I'm starting to feel burnout, so I'll probably just chill at home and watch some movies. **What about you?**

별 다른 건 없고요. 번아웃되기 시작해서
집에서 편히 쉬면서 영화나 보려고요.
당신은요?(계획 있으세요?)

That sounds nice.
I'd love to just lie around all weekend,
but I've got to visit my in-laws.
It's my father-in-law's birthday.

좋은 생각이네요.
저도 주말 내내 뒹굴면서 쉬고 싶은데,
시댁에 가야 해서요.
시아버지 생신이거든요.

Well, I hope you have a good time!

네, 좋은 시간 보내시길요!

Do you have any plans this weekend? 주말에 계획 있으세요? (문맥상 '주말에 뭐 해요?'와 같이 자연스럽게 해석 가능)

I'll put it off until tomorrow.

내일로 미룰려고요.

put off는 '(일정을) 미루다, 연기하다'라는 뜻으로 동일한 뜻으로 해석되는 delay, postpone과는 뉘앙스 차이가 있어요. delay는 비행기, 기차 등의 이동수단이 지연되었을 때 주로 쓰이는 것처럼 갑작스럽게 미뤄지는 상황에서 많이 쓰이며, postpone은 비즈니스 상에서 회의, 계약 기간과 같은 공식 일정 등을 미루는 상황에서 많이 쓰여요. 반면 put off는 일상 대화에서 많이 쓰이는 캐주얼한 표현인 동시에 비즈니스 상황에서도 모두 쓰인답니다.

★

✛ I'm **procrastinating** on finishing my work.

저는 (하기 싫어서) 일 마무리를 질질 끌고 있네요.

→ procrastinate는 '(해야 할 일을 보통 하기가 싫어서) 미루다, 질질 끌다'라는 뜻의 격식적 표현이에요.

✛ I'm **slacking off** on doing the chores.

저는 집안일에 게으름을 부리고 있어요.

→ slack off는 '게으름을 부리다, 태만해지다'라는 뜻의 표현으로 해야할 일이 있는데 안 하고 빙 굴팅굴팅대는 모습을 그려 볼 수 있어요. 이러한 사람을 slacker라고 불러요.

Did you finish applying for all the jobs you're interested in?

관심 가는 일자리에는 다 지원했어?

Almost.
It's taking a lot longer than I expected.
I did half and I decided to put off
the rest until tomorrow.

거의.
생각보다 시간이 많이 걸리네.
반은 했고 나머지는 내일 하기로 했어.

Well, that's good!
I'm sure you'll be able to do
the rest tomorrow.

아, 잘했네!
나머지는 내일 할 수 있을 거야.

Yeah. No more slacking off.
I have to get a job so I can get
my own place!

응. 더 이상 질질 끌면 안 되겠어.
직장을 구해야 집을 구할 수 있으니까!

---

apply for+자리/프로그램 지원하다 (일반적으로 본인이 들어가고 싶은 곳에 지원하는 것을 의미, 반면 '회사에 지원하다'는 apply to+회사로 표현)　　expect 예상하다, 기대하다

I can't be bothered to do anything today.

오늘은 아무것도 하기 귀찮네요.

무언가를 하기에 귀찮아서 굳이 하고 싶지 않거나, 번거로울 때 흔히 'I can't be bothered. (귀찮아.)'라고 표현해요. 이 뒤에 to부정사를 붙여 can't be bothered <u>to do</u>와 같이 표현하면 '<u>~하기</u> 귀찮다'라는 뜻으로, 굳이 하고 싶지 않은 일을 구체적으로 말할 수 있어요.

. . . . ★ . . . .

+ **I'm (just) not feeling it today.**

오늘은 별로 내키지가 않아요.

→ 뭔가 하고 싶지 않다는 걸 말할 수 있는 추가적인 표현으로 의욕이 상실되었을 때도 흔히 사용해요.

+ **I don't feel like it.**

그럴 기분이 아니에요.(하고 싶지 않아요.)

→ it 자리에 -ing를 써서 'I don't feel like going there.(거기 가고 싶지 않아요.)'와 같은 형태로 표현할 수 있어요.

You know, you have a pile of mail here that's all unopened.

있잖아, 여기 우편물이 전부 뜯지 않은 채로
산더미처럼 쌓여 있어.

I know. I'll get to it eventually.
I can't be bothered to do it today.

알고 있어. 다 확인할 거야.
오늘은 귀찮아서 아무것도 하기가 싫어.

I don't want to nag you,
but you'll never get to it at this rate.
There could be something important
in that pile.

잔소리하고 싶지는 않지만,
이래가지고는 절대 확인할 수 없을 텐데.
그 쌓아 둔 더미에 뭔가 중요한 게 있을 수 있잖아.

Thanks for your concern, but
I just don't feel like it right now.

신경 써 줘서 고마운데
당장 하고 싶지는 않아.

---

eventually 결국 (문맥상 get to it eventually는 '결국 하게 될 거다'라는 의미)   nag (계속) 잔소리를 하다

Lesson
22

What to say when...

you ignore something/ someone

간과할 때

원어민 게이지 **50%** ✈

That went in one ear and out the other.

한 귀로 듣고 한 귀로 흘렸어요.

원어민 게이지 **80%** ✈

I'm going to pretend that I didn't see that.

못 본 걸로 할게요.(모른 척할게요.)

원어민 게이지 **100%** ✈

I just tune out when he tries to talk to me.

그 사람이 저에게 말을 걸려고 할 때 저는 그냥 무시해요.

That went in one ear and out the other.

한 귀로 듣고 한 귀로 흘렸어요.

go in one ear and out the other은 '한 귀로 듣고 한 귀로 흘리다'라는 뜻의 표현으로 사람이 주어가 되기 보다는 위에서처럼 사물이 주어가 되는 경우가 대부분이에요. 어떤 말을 듣고 즉시 잊혀지거나 무시된다는 사전적 정의를 지니고 있어요. 만일 상대방이 나의 이야기를 흘려 듣는다면 'Did what I say go in one ear and out the other?(내가 한 말을 한 귀로 듣고 한 귀로 흘렸나요?)'와 같이 말할 수 있어요.

⋯⋯⋯⋯⋯⋯⋯⋯⋯⋯⋯⋯ ★ ⋯⋯⋯⋯⋯⋯⋯⋯⋯⋯⋯⋯

+ **I'm a little preoccupied at the moment.**

제가 지금 좀 정신이 없네요.

→ 이 문장은 바쁠 때 무례하지 않게 말할 수 있는 표현이에요. preoccupied(어떤 생각·걱정에 사로잡힌) 대신에 distracted(집중이 안 되는)를 써서 표현해도 된답니다.

+ **Sorry. I didn't catch that. I was off in my own world just now.**

미안해. 못 알아들었어. 방금 딴 생각하느라.

→ be off in one's world 를 직역하면 '자신만의 세계 속에 빠져 있다'인데, 문맥상 '자신만의 생각에 갇히다/빠지다, 다른 데 정신이 팔리다'와 같은 뉘앙스로 해석할 수 있어요.

Did you hear me?

내 말 들었어?

What? No, sorry. It went
in one ear and out the other.
Could you say it again?

뭐라고? 못 들었어, 미안해.
한 귀로 듣고 한 귀로 흘려버렸어.
다시 한번 말해 줄 수 있어?

**I said we have to be ready
and out the door by 6 o'clock
if we want to make our dinner reservation.
What are you doing that is more important
than talking to me?**

저녁 식사 예약 전에 도착하려면
6시까지 준비해서 나가야 한다고 했어.
나와 대화하는 것보다 더 중요한 게 뭐야?

I'm sorry. I didn't mean to ignore you.
I'm a little preoccupied at the moment
answering this email. **I'll be ready by 6!**

미안해. 너를 무시한 게 아니고.
지금 이 이메일에 답장하느라 정신이
좀 없었어. 6시까지 준비할게!

ignore 무시하다, (사람을) 못 본 척하다 (의도적으로 집중하지 않거나 알면서도 모르는 척 할 때 사용)

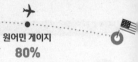
I'm going to pretend that I didn't see that.

못 본 걸로 할게요.(모른 척할게요.)

pretend 는 '~인 척하다, ~인 것처럼 굴다'라는 뜻으로 일상 대화에서 흔히 쓰이는 동사예요. 주로 I'm going to pretend+that절/to부정사의 형태로 쓰여 '~인 걸로 할게요'와 같은 뉘앙스로 통해요. 한국 사람들도 캐주얼하게 '바쁜 척 좀 했어요.'라고 진심이 곁들여진 농담조로 흔히 말하곤 하는데, 영어로는 'I pretended to be busy.'라고 표현할 수 있어요.

★

+ **I'd rather just play dumb.**

그냥 모르는 척하는 게 낫겠어요.(모르쇠로 잡아떼는 게 낫겠어요.)

→ play/act dumb 모르는 척하다, 시침떼다, 바보(벙어리)인 체하다

+ **I'll turn a blind eye to the situation for now.**

저는 일단 상황을 못 본 체해야겠어요.

→ turn a blind eye to 눈 감아주다, 모른 척하다

I'm starving.
Do you know whose banana this is?

배고파 죽겠네.
이게 누구 바나나인지 알아?

I think it's Stephanie's.
She always brings a banana
with her to work.

Stephanie의 것 같은데.
걔는 항상 출근할 때 바나나를 가져오잖아.

Hmm... she's out of the office right now.
I'm just going to eat this now
and I'll restock her banana
before she gets back.

음... 지금 당장은 스테파니가 없으니까.
내가 지금 이 바나나를 먹고 스테파니가 돌아오기 전에
바나나를 채워 놓아야겠어.

I'll just pretend I didn't see or hear anything,
but I'd make sure there's a banana
for her when she gets back
if I were you!

난 그냥 아무것도 못 보고 못 들은 걸로 하련다,
그런데 내가 너라면 스테파니가 돌아올 때
바나나를 꼭 채워 둘 거란 말이지!

restock 다시 채우다   get back 돌아오다

I just tune out when he tries to talk to me.

그 사람이 저에게 말을 걸려고 할 때
저는 그냥 무시해요.

tune out(~을 듣지 않다, 무시하다)는 의도적이든 의도적이지 않든 한 귀로 듣고 흘리거나 말을 무시할 때 사용할 수 있는 표현이에요. 주로 말을 귓등으로 안 듣거나 말을 무시할 때 사용하기 좋은 표현이에요. 간단하게는 'I just tune it out.(전 그냥 무시해요.)'과 같이 흔하게 쓰이며 '한 귀로 듣고 흘리다, 귀를 닫고 안 듣는다, 안 듣고 무시한다'와 같은 뉘앙스로 통해요.

★

+ **I'm just going to give her the cold shoulder until she apologizes.**

그녀가 사과할 때까지 냉대할 거예요.

→ give somebody the cold shoulder ~를 쌀쌀맞게 대하다, 냉대하다

+ **When someone treats me badly, I just give them the silent treatment.**

누군가가 저를 안 좋게 대하면, 저는 그냥 완전히 무시해요.

→ give them the silent treatment 묵살하다, 무시하다

It's not really a big deal.
I don't know why you're so angry.

사실 별 것도 아닌데
네가 왜 그렇게 화가 났는지 모르겠어.

If you don't know why I'm angry,
I'm just going to tune you out.
I'm done talking to you.

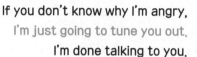

내가 왜 화났는지 모르겠다면
그냥 네 말은 듣지 않으련다.
네게 할 이야기는 다 했어.

Come on.
At least tell me what I did or
said that pissed you off.

왜 이래.
적어도 내가 널 화나게 한 행동이나
말은 말해 줘야지.

I said I'm done talking.

얘기 끝났다고 했잖아.

. . . .

piss somebody off ~를 열받게 하다

Lesson
23
What to say when...

you're angry

화가 날 때

I got a little bent out of
shape about what he said

원어민 게이지 **50%** ✈

I got a little bent out of shape about what he said.

그가 한 말에 기분이 좀 언짢아졌어요.

원어민 게이지 **80%** ✈

Don't take it out on me!

저한테 화풀이하지 마세요!

원어민 게이지 **100%** ✈

I'm trying really hard not to lose my temper.

욱하지 않으려고 정말 노력하고 있어요.

원어민 게이지
50%

I got a little bent out of shape about what he said.

그가 한 말에 기분이 좀 언짢아졌어요.

get bent out of shape(화가 난)은 직역하면 원래의 모양에서 구부러진 상태를 말하는데 이처럼 물리적으로 변형될 때뿐만 아니라 성격적으로도 비뚤어져 화가 난 상태를 일컬을 때도 즐겨 사용하는 표현이에요. 따라서 문맥상 '언짢아하다, 불만스러워 하다'와 같은 뉘앙스로 쓰일 수 있어요. 참고로 상대방이 나에게 화난 감정을 쏟아 붓는다면 'Don't get so bent out of shape.(너무 화 내지 마.)'라고 말할 수 있겠죠.

★

+ **Sometimes I get into a huff about small things.**

저는 가끔씩 사소한 일에 화를 내요.

→ get into a huff 파르르(불끈) 화를 내다

+ **I'm in a mood right now, so let's talk later.**

지금은 기분이 안 좋으니까(이야기 할 기분이 아니니까) 나중에 이야기해요.

→ in a mood 기분이 좋지 않은 (구어체)

Are you okay?
You look like you're
in a bit of a mood.

괜찮아?
기분이 좀 안 좋아 보이는데.

To be honest,
I'm a little bent out of shape
about something my friend said today.

사실은, 오늘 친구가 한 말 때문에
기분이 언짢거든.

Do you want to talk about it?
If you want to talk about it,
get it off your chest.
I'm a good listener.

이야기 나누고 싶어?
말하고 싶으면 터놓고 이야기해 봐.
내가 들어줄게.

Not really.
I need some time to cool down.
Thanks, though.

별로 말하고 싶진 않네.
좀 진정할 시간이 필요해.
그래도 고마워.

---

to be honest 사실, 솔직히 말하자면   get it off one's chest 터놓고 이야기하다
cool down 식히다, 가라앉다, 진정되다

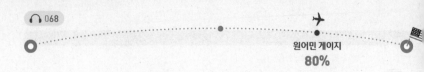
Don't take it out on me!

저한테 화풀이하지 마세요!

take it out on+사람의 형태로 쓰여 '~에게 화풀이하다'라는 뜻을 나타내는데, 화와 같은 감정을 밖으로 꺼내서 누군가에게 영향을 주는 모습을 떠올리면 이해하기 쉬울 거예요. 위에서와 같이 'Don't take it out on me!'라고 할 땐 '어디에다 화풀이야/분풀이야'와 같은 뉘앙스로 표현된답니다.

⭐

+ He **lost it on me** the other day.

일전에 그 사람이 저한테 화를 냈어요.

→ lose it(이성을 잃다, 정신이 나가다) 뒤에 on+사람을 덧붙여 말하면 '~에게 화를 내다'라는 뜻으로 통해요.

+ I would appreciate it if you didn't **snap at me**.

저한테 화를 내지 않으면 고맙겠어요.

→ snap at+사람 ~에게 화내다, 잔소리하다

I know you had a bad day, but
you don't have to take it out on me.

일진이 안 좋았던 건 알겠는데,
나한테 화풀이할 필요는 없잖아.

Sorry. You're right.
I didn't mean to snap at you.
I just had a really long and stressful day.

미안해. 네 말이 맞아.
네게 쏘아붙일 생각은 없었는데.
정말 힘들고 스트레스 받는 날이었어.

Everyone has those days.
Just remember that I'm on your side.

누구나 그런 날이 있지.
내가 네 편이라는 것만 기억해 줘.

Thanks. Again,
I'm really sorry for losing it on you.
I'm going to take some time
to decompress.

고마워. 다시 한번 말하지만,
너한테 화를 내서 정말 미안해.
난 좀 쉬어야겠어.

a long day 힘든 하루   be on one's side ~의 편이다   decompress 압박감을 완화하다, 긴장을 풀다,
쉬다

I'm trying really hard not to lose my temper.

욱하지 않으려고 정말 노력하고 있어요.

lose one's temper (with+사람)은 너무 화가 나서 더 이상 자신을 통제하지 못하게 될 때 사용해요. 맥락에 따라 '성질을 내다/부리다, (버럭) 화를 내다, 열/역정을 내다, 흥분하다'와 같은 뉘앙스로 쓰여요. 여기서 temper은 명사로 '욱하는 성질, (주로 짧은 시간 동안 느끼는) 분노, 화, 기질'을 뜻하며, 참고로 have a temper(욱하는 성질이 있다, 성미가 있다)도 많이 쓰이는 표현이니 함께 익혀 두도록 하세요.

★

+ **I'm about to hit the ceiling.**

화가 치밀어 오르려던 참이었어.

→ hit the ceiling 분통을 터뜨리다, 발끈하다, (몹시 화가 나서) 길길이 뛰다

+ **You're really starting to make me see red.**

당신 때문에 정말 화가 나기 시작하네요.

→ see red 분노하다(몹시 화를 내다), 울그락불그락하다

Are you pissed off at me?

나한테 화났어요?

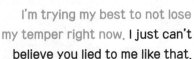

I'm trying my best to not lose my temper right now. I just can't believe you lied to me like that.

나 지금 화를 참으려고 최선을 다하고 있어요.
당신이 나에게 그런 거짓말을 하다니
믿을 수가 없네요.

**I already apologized multiple times.
And I only lied because I thought
it would be better if you didn't know.
I'm sorry. I don't know what else
I can do to make it up to you.**

저는 이미 여러 번 사과했어요.
그리고 당신이 모르는 게 좋을 것 같아서
거짓말을 한 것뿐이에요. 미안해요.
제가 뭘 더 하면 만회가 될지 모르겠네요.

**You should've known better.
I need some time to cool off.**

당신은 그러지 말았어야 했어요.
좀 진정할 시간이 필요해요.

---

be pissed off 화가 나다, 분개하다   make it up to 만회하다   cool off 차분해지다, 진정하다, 화를 식히다
should've known better 더 잘 알았어야 했다 (문맥상 '그러지 말아야 한다는 걸 더 잘 알았어야 한다'라는 의미)

Lesson

24

What to say when...

you're too nice for your own good

너무 착해서 탈일 때

I'm a people pleaser.

전 주위 눈치를 봐요.(전 남의 비위를 맞추는 사람이에요.)

I think they're taking advantage of me.

그들이 절 이용하는 것 같아요.

I shouldn't let them walk all over me.

그들이 절 함부로 대하도록 놔두면 안 돼요.

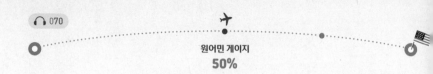
I'm a people pleaser.

전 주위 눈치를 봐요.
(전 남의 비위를 맞추는 사람이에요.)

다른 사람의 눈치를 보는 사람을 지칭하여 people pleaser이라고 하며 하이픈을 넣어 people-pleaser로 쓸 수도 있어요. 맥락에 따라 '눈치를 살피는 사람, 비위나 기분을 맞추는 사람, 아부를 잘하는 아첨꾼' 등으로 표현되기 때문에 부정적인 뉘앙스를 나타내요. 다른 사람들이 자신을 어떻게 생각하는지 신경을 많이 쓰며 타인이 자신의 행동을 인정해 주길 바라는 사람을 일컬어요.

★

+ **I'm turning into a doormat.**
  (점점) 동네북이 되어가는듯 해요.

  → 본래 현관에 까는 매트인 doormat는 '다른 사람에게 당하고도 가만히 있는 사람'인 '동네북' 으로 비유해서 쓰인답니다.

+ **I hate to admit it but I'm a little bit of a pushover.**
  인정하기 싫지만 제가 좀 (성격이) 물러 터져요.

  → '성격이 물러 터진 사람'을 뜻하는 pushover은 '만만한 사람, 호구'로 일컬어지기도 해요.

Are you working on the presentation?
I thought that was Karen's job.

발표 준비 중이세요?
전 그 일이 Karen의 업무인 줄 알았어요.

It was but she said something
came up at home and she asked me
if I could do it for her.

원래 Karen의 일이 맞는데요,
Karen의 집에 일이 생겨서
제가 대신 할 수 있는지 묻더라고요.

Isn't it the second time this week
that she's done that to you?
I hate to be the one to say this to you,
but I think you're somewhat of a people pleaser.

Karen이 당신에게 그런 식으로 한 게
이번 주만 해도 두 번째 아닌가요?
제가 이런 말을 하고 싶지는 않지만, 당신은 좀
다른 사람의 비위를 맞추는 사람인 것 같아요.

Do you really think so?

정말 그렇게 생각하세요?

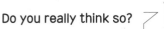

come up 생기다, 발생하다   somewhat 어느 정도, 다소

I think they're taking advantage of me.

그들이 절 이용하는 것 같아요.

take advantage of는 '~를 활용하고 이용함으로써 이점을 취하다'라는 뉘앙스로 긍정적, 부정적 의미로 모두 쓰이는데요. 만일 take advantage of+사람과 같이 이용하는 대상을 사람으로 취한다면 '남의 약점을 이용하다, 본인의 이익을 위해 누군가를 이용하다'와 같이 부정적인 의미로 쓰여요. 참고로 '다른 사람의 친절을 이용한다'고 할 땐 take advantage of someone's kindness라고 표현해요.

★

+ **I feel like he's using me.**

절 이용하는 것 같아요.

→ use+사람(~를 이용하다) 뒤에 for+이유를 붙여 말할 수 있어요.

+ **She's squeezing me dry.**

그 사람이 절 우려먹고 있어요.

→ squeeze somebody dry ~를 쥐어짤 대로 쥐어짜다, ~에게서 (돈, 정도 등을) 있는 대로 다 우려내다

**Scott and I are no longer
on speaking terms.**

Scott과 나는 더 이상
말을 하며 지내는 사이가 아니야.

**Really? Why is that?
I thought you two were close.**

정말이야? 왜 그러는데?
난 둘이 친한 줄 알았는데.

I thought so too, but I realized
he was taking advantage of me.
**He kept avoiding my texts and calls
and only reached out to me
when he needed something.**

나도 그렇게 생각했는데 Scott이 날
이용하고 있다는 걸 알았어.
걔는 계속 내 문자나 전화를 피하면서
필요한 게 있을 때만 나한테 연락했거든.

**That's a bummer.
I'm sorry to hear about that.**

아쉽게 됐네.
그런 말 듣게 돼서 유감이야.

---

speaking terms 이야기를 주고받을 정도의 관계   That's a bummer. 너무 아쉽네요. / 실망스럽네요.

I shouldn't let them walk all over me.

그들이 절 함부로 대하도록 놔두면 안 돼요.

walk (all) over+사람은 '~를 함부로 대하다'라는 뜻을 나타내요. 상대방의 기분이나 감정을 전혀 고려하지 않고 본인 마음대로 무시하는 뉘앙스의 표현이에요. 문자 그대로 누군가의 위를 걸으며 깔아 뭉개는 모습을 떠올리면 이해하기 쉬울 거예요.

★

+ **They treat me like crap.**

그들은 저를 힘없는 사람으로 취급해요.

→ treat someone like crap은 '~를 힘없는(형편없는) 사람으로 대하다, ~를 쓰레기 취급하다'라는 뜻을 나타내며, 여기서 crap은 비속어로 매우 가볍게 쓰이는 캐주얼한 어휘예요. 좀 더 격식적으로는 'They treat me poorly.(그들은 저를 푸대접해요.)'로 표현할 수 있어요.

+ **I let them take me for a ride for far too long.**

그들이 너무 오랫동안 저를 속이도록 놔뒀어요.

→ take someone for a ride ~를 속이다, ~에게 사기를 치다

Am I the only one who feels like Rachel is kind of taking advantage of us?

Rachel이 우리를 이용한다고 생각하는
사람은 저뿐인가요?

I feel the same way. She hasn't joined any of our project meetings and she doesn't even say anything in the group chat.

저도 같은 생각이에요. Rachel은 우리 프로젝트 미팅에
참석하지도 않았고 그룹 채팅에서도
아무 말도 하지 않아요.

I think we shouldn't let her just walk all over us. We should let her know that she needs to start pulling her weight.

Rachel 이 우리를 그냥 함부로 대하도록 놔두면 안 될 것 같아요.
우리가 Rachel에게 그녀가 할 일은 해야 한다는 것을
알려 줘야 해요.

I agree. Let's try to bring it up to her the next time we see her.

동의해요. 다음에 Rachel을 만나면
그 얘기를 꺼내도록 하죠.

---

join 가입(입회, 가담)하다, 참여하다　　pull one's weight 자기 임무를 다하다　　bring it up 말을 꺼내다

Lesson

25

What to say when...

you're focused

집중할 때

원어민 게이지 **50%** ✈

It's time to get (down) to work.

일을 (제대로) 시작할 시간이에요.

원어민 게이지 **80%** ✈

I have my eye on the prize.

전 목표 달성에 매진하고 있어요.

원어민 게이지 **100%** ✈

I'm in the zone right now.

전 지금 무아지경에 빠져 있어요.

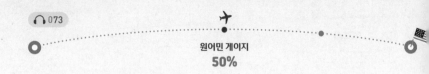
It's time to get (down) to work.

일을 (제대로) 시작할 시간이에요.

get down to는 '시작하다, 본론으로 들어가다'라는 의미를 나타내요. 흔히 '시작하다'라고 말할 때 start, begin을 많이 떠올리는데요. get down to는 '이제 본격적으로/제대로 시작하다'라는 뉘앙스를 나타내는 표현으로 실생활에서 정말 많이 쓰이는 표현이에요. 참고로 start working/to work는 하던 작업을 다시 시작(재착수)하는 것이 아닌 'I started working last year.(저는 작년에 일을 시작했어요.)'와 같이 어떤 직업 활동을 시작하는 경우에 쓰여요.

⭐

+ **Let's roll up our sleeves and get to work.**

(이제) 소매를 걷어붙이고 본격적으로 일을 시작해 봅시다.

→ roll up one's sleeves 소매를 걷어올리다, 일에 착수하다 (구어체로 '적극적으로 임하다'라는 뉘앙스)

+ **I need to buckle down to work.**

일을 본격적으로 해 봐야겠어요.

→ buckle down to ~에 본격적으로 덤비다(착수하다)

This remodeling project is taking longer than I expected.

이번 리모델링 공사가 생각보다 오래 걸리네요.

Yeah, we don't have much time left before the furniture and appliances will start arriving.

그러게요, 가구와 가전제품이 도착할 날이 얼마 남지 않았어요.

Let's get to work on painting the rooms.

방 페인트칠을 시작해 보자구요.

Sounds like a plan. I'll get to painting the living room. You can paint the master bedroom.

좋아요. 전 거실에 페인트칠을 해야겠어요. 당신은 안방을 칠하면 되겠네요.

expect 예상하다, 기대하다   appliances 가전제품

I have my eye on the prize.

전 목표 달성에 매진하고 있어요.

have/keep one's eyes on the prize는 '목표에 눈을 떼지 않다, 목표 달성에 매진하다'라는 의미로 '어렵고 힘들더라도 원하는 성과를 얻기 위해 신경쓰고 몰두하다/집중하다'라는 뉘앙스를 나타내요. 맥락에 따라 '원하는 성과나 결과에만 집중하다, 앞만 보고 달려가다'와 같은 의미로 소통될 수 있어요. 일단 <u>몰두하기 시작한 상태</u>를 나타낼 땐 <u>get</u> one's eyes on the prize로 나타낼 수 있어요.

⋯⋯⋯⋯⋯⋯⋯⋯⋯⋯⋯⋯⋯ ★ ⋯⋯⋯⋯⋯⋯⋯⋯⋯⋯⋯⋯⋯

+ **It's important that I keep my head in the game.**

지금 일어나는 상황에 집중하는 것이 중요해요.

→ keep/have/get one's head in the game 는 스포츠에서 파생된 표현으로 정신을 잃지 않고 몰입하는 뉘앙스를 나타내어 '(지금 일어나는 상황에) 집중하다, 일에 몰입하다'와 같은 뜻을 나타내요.

+ **I'm zeroing in on the real problem.**

전 현실적인 문제에 집중하고 있어요.

→ zero in on ~에 초점을 맞추다, ~에 모든 관심(신경을) 집중시키다

You're working out so hard.
Don't overdo it.

운동을 너무 열심히 하시네요.
너무 무리하지 마세요.

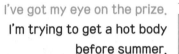
I've got my eye on the prize.
I'm trying to get a hot body
before summer.

목표 달성에 매진하고 있거든요
여름 전에 몸짱이 되기 위해
노력하고 있어요.

Okay, well don't hurt yourself.

그렇군요, 그래도 몸에 무리가 가도록 하지는 마시고요.
(다치지 않게 무리하지 마시고요.)

That won't happen.
You don't have to worry about me.

그런 일은 없을 거예요.
걱정하지 않으셔도 돼요.

work out (건강, 몸매 관리 등을 위해) 운동하다   overdo 지나치게 하다

I'm in the zone right now.

전 지금 무아지경에 빠져 있어요.

어떤 일에 집중하다 보면 주변에서 무슨 일이 일어나는지 모른 체, 시간이 얼마나 흘렀는지 모를 만큼 무아지경에 빠져 본 경험이 있지요? 바로 이렇게 어떤 일에 '푹 빠져있다, 무아지경에 빠지다'를 말할 땐 be in the zone으로 표현해요. 어떤 '집중하는 상황이나 공간 안에 있다'라는 뉘앙스로 자신만의 세계에 푹 빠져 주변 상황을 인지할 수 없을 만큼 열중한 상태로 이해하면 됩니다.

★

+ **I'm absorbed in** what I'm doing at the moment.

전 지금 하고 있는 일에 몰두하고 있어요(여념이 없어요).

→ be absorbed in ~에 열중하다, 정신이 팔리다, ~하느라 여념이 없다

+ After a cup of coffee, **I'm laser focused on** my work.

커피 한 잔을 마시고 난 후, 전 일에 온 집중을 쏟아부어요(초집중해요).

→ be laser focused on (관심, 노력 등을) 극도로 집중하다, (레이저를 쏘듯이 모든 초점을) ~에 맞추다

Hey. Is now a good time?
I wanted to ask your opinion
about something.

저기. 지금 시간 괜찮아?
네 의견 물어보고 싶은 게 있어서.

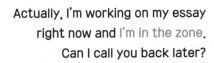

Actually, I'm working on my essay
right now and I'm in the zone.
Can I call you back later?

사실, 지금 에세이 쓰느라 초집중하고 있어서.
내가 이따가 전화해도 될까?

Yeah, sure. That's no problem.
Just call me back when you can.

응, 좋아. 그래도 상관없어.
괜찮을 때 다시 전화 줘.

Okay. Will do.

알았어. 그렇게 할게.

work on ~에 노력을 들이다, ~에 애쓰다   call back 다시 전화하다

01 I'm going to .... today.

오늘은 집에서 가만히 쉴까 해요.

02 I'll .... until tomorrow.

내일로 미룰게요.

03 I can't .... anything today.

오늘은 아무것도 하기 귀찮네요.

04 That went ....

한 귀로 듣고 한 귀로 흘렸어요.

05 I'm going to .... I didn't see that.

못 본 걸로 할게요.(모른 척할게요.)

06 I just .... when he tries to talk to me.

그 사람이 저에게 말을 걸려고 할 때 저는 그냥 무시해요.

07 I got a little .... about what he said.

그가 한 말에 기분이 좀 언짢아졌어요.

08 Don't .... me!

저한테 화풀이하지 마세요!

09 I'm trying really hard _____.

욱하지 않으려고 정말 노력하고 있어요.

10 I'm a _____.

전 주위 눈치를 봐요.(전 남의 비위를 맞추는 사람이에요.)

11 I think they're _____ me.

그들이 절 이용하는 것 같아요.

12 I shouldn't let them _____ me.

그들이 절 함부로 대하도록 놔두면 안 돼요.

13 I have _____.

전 목표 달성에 매진하고 있어요.

14 I'm _____ right now.

전 지금 무아지경에 빠져 있어요.

- ★ -

01 chill at home   **02** put it off   **03** be bothered to do   **04** in one ear and out the other
05 pretend that   **06** tune out   **07** bent out of shape   **08** take it out on
09 not to lose my temper   **10** people pleaser   **11** taking advantage of
12 walk all over   **13** my eye on the prize   **14** in the zone

Review & Practice

원어민 게이지
표현 총정리

Review & Practice ✈

✔ 교재에서 배운 표현들을 한눈에 훑어보며 복습해 보아요.

✔ 어떤 표현을 더 공부해야 하는지 박스(□)에 체크한 후, 표현이 나와 있는 페이지로 돌아가서 다시 복습해 보세요.

233

Lesson | 06 ~ 10

Lesson | 11 ~ 15

Lesson | 21~ 25

MEMO

MEMO

좋은 **책**을 만드는 길
독자님과 **함께**하겠습니다.

원어민 게이지 100% 살리는 스펜서쌤의 미국 영어
: 대화의 격을 높이는 감각 영어 회화

초 판 발 행	2023년 05월 15일 (인쇄 2023년 04월 06일)
발 행 인	박영일
책 임 편 집	이해욱
저 자	스펜서 맥케나(Spencer Mckenna)
기 획 편 집	심영미
표지디자인	조혜령
편집디자인	채현주 · 임아람
발 행 처	시대인
공 급 처	(주)시대고시기획
출 판 등 록	제 10-1521호
주 소	서울시 마포구 큰우물로 75 [도화동 538 성지 B/D] 9F
전 화	1600-3600
팩 스	02-701-8823
홈 페 이 지	www.sdedu.co.kr
I S B N	979-11-254-9424-9(14740)
정 가	17,000원